Uwe Wurm

Pastete, Wurst & Sülze

Selbst gemacht

Leopold Stocker Verlag
Graz – Stuttgart

Umschlaggestaltung:
DSR Werbeagentur Rypka GmbH, 8143 Dobl/Graz, www.rypka.at
Titelbild: Mona Lorenz, Gmunden

Bildnachweis:
Abbildungen im Textteil: Fa. Handmann: S. 38; Fa. Holzeis: S. 14, S. 27, S. 30, S. 34; Jungwirth: S. 9, S. 102, S. 111; Fa. Laska: S. 30, S. 31, S. 32, S. 39; Lorenz: S. 60, S. 91; Wagner: S. 10, S. 15, S. 17, S. 18, S. 20, S. 25, S. 26, S. 27, S. 35, S. 41, S. 49, S. 50, S. 53, S. 63, S. 88;
Die restlichen Fotos wurden freundlicherweise vom Autor zur Verfügung gestellt.

Bibliografische Information der Deutschen Nationalbibliothek
Die Deutsche Nationalbibliothek verzeichnet diese Publikation in der Deutschen Nationalbibliografie; detaillierte bibliografische Daten sind im Internet unter http://dnb.d-nb.de abrufbar.

Hinweis: Dieses Buch wurde auf chlorfrei gebleichtem Papier gedruckt. Die zum Schutz vor Verschmutzung verwendete Einschweißfolie ist aus Polyethylen chlor- und schwefelfrei hergestellt. Diese umweltfreundliche Folie verhält sich grundwasserneutral, ist voll recyclingfähig und verbrennt in Müllverbrennungsanlagen völlig ungiftig.

Auf Wunsch senden wir Ihnen gerne kostenlos unser Verlagsverzeichnis zu:
Leopold Stocker Verlag GmbH
Hofgasse 5 / Postfach 438
A-8011 Graz
Tel.: +43 (0)316/82 16 36
Fax: +43 (0)316/83 56 12
E-Mail: stocker-verlag@stocker-verlag.com
www.stocker-verlag.com

ISBN 978-3-7020-1399-8

Layout und Repro: DSR Werbeagentur Rypka GmbH, 8143 Dobl/Graz
Druck: Druckerei Theiss GmbH, 9431 St. Stefan

Inhalt

Der Autor

Liebe Leserinnen und Leser!

Fleisch ist eines der wichtigsten Lebensmittel überhaupt. So ist es auch nicht erstaunlich, dass auf seine Verarbeitung zu diversen Produkten seit altersher größter Wert gelegt wird. Durch Zugabe verschiedenster Gewürze entstehen durch gezielte Verarbeitungsmethoden wahre Gaumenfreuden in Form von etwa Würsten, Pasteten und Sülzen. Ich möchte mit dem vorliegenden Buch meinen Beitrag dazu leisten, wie Sie selbst zu Hause diese Köstlichkeiten herstellen können ohne Vielzahl an Zusatzstoffen oder Geräten, zumal Selbstgemachtes mehr und mehr im Trend unserer Zeit liegt und die herkömmliche standardisierte Produktpalette von Supermärkten wesentlich bereichert.

Auf Grund meiner Berufserfahrung als Fleischer, die ich sowohl in gewerblichen Betrieben als auch am elterlichen Betrieb sammeln durfte, habe ich Einblicke in verschiedenste Verarbeitungstechniken bzw. Fleischqualitäten erhalten.

Mit diesem Buch möchte ich Ihnen die Freude an der Veredelung von Fleisch durch schmackhafte Rezepte unter fachkundiger Anleitung und in leicht verständlicher Art geben.

Ich wünsche Ihnen noch viel Freude beim Lesen und gutes Gelingen!

Uwe Wurm

Gewürze

Am Würzen erkennt man den Meister, heißt es. In der Tat sind die Gewürze in der Fleischverarbeitung ein Indikator für die Kreativität beim Wursten. Erst durch den Einsatz verschiedener Gewürze bzw. Gewürzmischungen verleihen wir den Produkten den besonderen Geschmack. Diese geben nicht nur den Speisen das gewisse „Etwas", viele ihrer Inhaltsstoffe haben auch eine gesundheitsfördernde Wirkung.

Ob Aroma, Geschmack oder Gesundheitswert – der Wert der Gewürze ist abhängig von ihrer qualitativen Beschaffenheit. Pflanze, Herkunft, Stoffgehalt, Verarbeitung und die richtige Aufbewahrung spielen dabei eine wichtige Rolle.

Verschiedene Gewürze (Lorbeerblätter, Wacholderbeeren, Knoblauch, Koriander, Kümmel) verleihen den Räucherprodukten ihren einzigartigen Geschmack.

Einteilung der Gewürze

Nach dem Pflanzenteil

Blüten – Nelken
Samen – Muskat, Senf, Kardamom, Mazis
Früchte – Kümmel, Pfeffer, Paprika, Piment, Koriander
Blätter – Majoran, Lorbeer, Thymian
Rinde – Zimt
Wurzeln – Ingwer
Knollen – Zwiebeln, Knoblauch

Nach dem Anbaugebiet

Einheimische – mittel- und südeuropäische Gewürze
Ausländische – überseeische Gewürze

Die meisten Gewürzpflanzen sind aufgrund ihrer Inhaltsstoffe auch Heilpflanzen, die bis auf wenige Ausnahmen ihre volle Wirkung frisch oder als Pflanzenpresssaft am besten entfalten.

Im Bereich der Fleischverarbeitung werden aufgrund der Gefahr des Verderbs durch Mikroorganismen, Schimmelpilze oder tierische Schädlinge überwiegend getrocknete Gewürze bzw. Gewürzmischungen verwendet, die von diversen Gewürzfirmen angeboten werden.

Richtiges Lagern der Gewürze

Um die Würzkraft von Gewürzen bzw. Gewürzmischungen möglichst lange zu erhalten, empfiehlt es sich, diese in lichtundurchlässigen Behältnissen aufzubewahren. Ebenso können Hitze und Feuchtigkeit die Würzkraft in kurzer Zeit stark beeinträchtigen.

Es empfiehlt sich, die Gewürze immer in kleineren Mengen zu kaufen. Dies gilt besonders für aromatische Gewürze.

> Bei Gewürzen mit einem hohen ätherischen Ölgehalt (Pfeffer, Senfkörner, Zimtstangen) sollte die Ware im Ganzen gekauft und erst kurz vor der Verwendung zerkleinert werden.

Richtig gelagerte Gewürze garantieren hinsichtlich des Geschmackes eine gleichbleibende Produktqualität.

Wichtige Gewürze in der Fleischverarbeitung

Cayennepfeffer, Chilipulver

Leuchtend rote Schoten oder rotes Pulver mit scharfem, zum Niesen reizenden Geruch. Je nach Sorte mild bis brennend-scharf. Das Chilipulver wird zum scharf Würzen von Fleischgerichten und Wurstwaren verwendet. Cayennepfeffer nicht bei Brühwürsten verwenden. Durch das Erhitzen wird der Scharfstoff Capsanthin zerstört und das Gewürz extrem bitter.

Die Hauptanbaugebiete dieser Schoten befinden sich in Gegenden Süd- und Mittelamerikas.

Kardamom

Grünliche bis dunkelgraue, dreikantige Früchte eines Ingwergewächses mit kräftig-würzigem bis brennendem, nach Kampfer erinnerndem Geschmack. Wird bei der Herstellung von Roh- oder Brühwürsten, Streichwürsten bzw. Pasteten verwendet. Kardamom zählt neben Safran und Vanille zu den teuersten Gewürzen.

Knoblauch

Weiße bis gelbliche Zwiebel mit einzelnen, gekrümmten Zehen, die sich nach oben verjüngen, jede Zehe ist von einem weiß-silbernen Häutchen umgeben. Die Knoblauchzehen haben ein scharfes, leicht brennendes Aroma und einen hohen Gehalt an Vitaminen und Mineralstoffen. Knoblauch hat eine desinfizierende Wirkung und kann zu allen Fleisch- und Wurstwaren verwendet werden. Pulver und Flocken lichtdicht und gut verschlossen an einem kühlen Ort aufbewahren.

Koriander

Die runden Spaltfrüchte haben einen würzig-süßlichen, an Oregano erinnernden Geschmack. Koriander verleiht zusammen mit Fenchel und Kümmel Wildpasteten und diversen Wurstsorten eine spezielle Note.

Kümmel

Sichelförmige, längsgestreifte Früchte ca. fünf Millimeter lang und zwei Millimeter breit. Angenehm würzig und kräftig im Geruch, angenehm brennend im Geschmack.

Frisch gemahlener Kümmel findet in Roh-, Brüh- und Kochwürsten seine Verwendung. Ganze Früchte in gut verschlossenen Behältnissen sind lange haltbar.

Lorbeerblätter

Getrocknete, ganze Blätter mit schwachem Lorbeergeruch. Typisches Wildgewürz und für Kochwürste, Sulz- und Aspikgerichte gut verwendbar. Bei der Verarbeitung die Lorbeerblätter immer leicht anbrechen, damit die ätherischen Öle durch die harte Oberfläche austreten können. Unbeschädigte, nicht gebrochene Blätter sind sehr lange lagerfähig.

Majoran

Kleine Blätter mit würzig-bitterem Aroma. Frisch oder getrocknet für Koch- und Bratwürste, Blut- und Leberwürste, Pasteten etc. verwenden.

Muskatnuss

Dunkelbraune harte Nüsse, 10–25 Millimeter im Durchmesser, mit einer netzartigen Oberfläche. Im Geschmack kräftig würzig-herb. Verwendung bei Fleisch-, Brät- und Koch- sowie Mettwürsten und Fleischpastete. Die Nüsse sind, trocken gelagert, jahrelang haltbar.

Das in der Muskatnuss enthaltene Alkaloid Myristicin kann in größeren Mengen (ab 5–10 g) lebertoxisch wirken und sogar zum Tod führen. Normale Anwendungen in der Verarbeitung sind jedoch unbedenklich.

Paprika

Je nach Sorte feuerrotes bis dunkelrotes Pulver. Variiert je nach Sorte von fruchtig-süß bis brennend-scharf. Paprika ist neben Pfeffer eines der beliebtesten Gewürze zu Fleischgerichten. Die rote Farbe des Paprikas ist besonders lichtempfindlich, er sollte daher in dunklen Gefäßen gelagert werden. Paprika sollte überdies zu keinen Fleischgerichten gegeben werden, die später in heißem Fett gebraten werden, er wird sonst bitter.

Pfeffer

Ganze Körner, geschrotet und gemahlen, grüner Pfeffer in Salzlake eingelegt. Je nach Qualität scharfes bis sehr scharfes Gewürz. Universalgewürz für Fleisch- und Wildgerichte, Pfeffer verleiht eintönigen Gerichten ein herzhaftes Aroma. Wichtig bei der Herstellung von Pasteten, Kochwürsten und diversen anderen Wurstsorten. Pfeffer ist neben Salz eines der wichtigsten Wurstgewürze. Je nach Reife der Beeren unterscheidet man schwarzen, weißen oder grünen Pfeffer.

Wacholderbeeren

Die blauschwarzen Beeren des Wacholderstrauches haben ein harziges, leicht süßliches, bitteres Aroma. Ideales Gewürz für Wild und Fleischpasteten. Bei der Verarbeitung die Beeren leicht anquetschen, damit das Aroma voll zur Entfaltung gelangt.

Fertige Gewürzmischung, im Handel erhältlich (Foto: www.holzeis.com)

Gewürzmischungen oder Einzelgewürze

Im Rezeptteil sind die meisten der Produkte mit sogenannten Gewürzmischungen angeführt. Der arttypische Geschmack bestimmter Produkte ist eher mit derartigen Mischungen zu erreichen. Sie können mitunter aus bis zu 100 verschiedenen Gewürzen bestehen. Der große Vorteil derartiger Mischungen liegt beim gemeinsamen Altern der Gewürze. Bei Gewürzen, die einzeln den Würsten beigemengt werden, kann es vorkommen, dass manche Gewürze älter sind, da immer nur wenig davon verbraucht wird. Dies wirkt sich sehr stark auf die Würzkraft aus, wird dann z. B. zu diesen Gewürzen frischer Knoblauch als Einzelgewürz herangezogen, kann der Geschmack im Produkt sehr knoblauchlastig werden. Mit Gewürzmischungen kann man dieses Problem sehr leicht umgehen.

Wichtige Regeln beim Würzen

- Fleischgerichte sollen trotz Würze ihren Eigengeschmack behalten.
- Wenn möglich, frische Kräuter verwenden.
- Mit scharfen Gewürzen sparsam umgehen.
- Stets abwechslungsreich würzen.
- Gewürze und Kräuter nicht zu lange erhitzen.
- Stets auf die Harmonie der Gewürze achten.

Rohstoff Fleisch

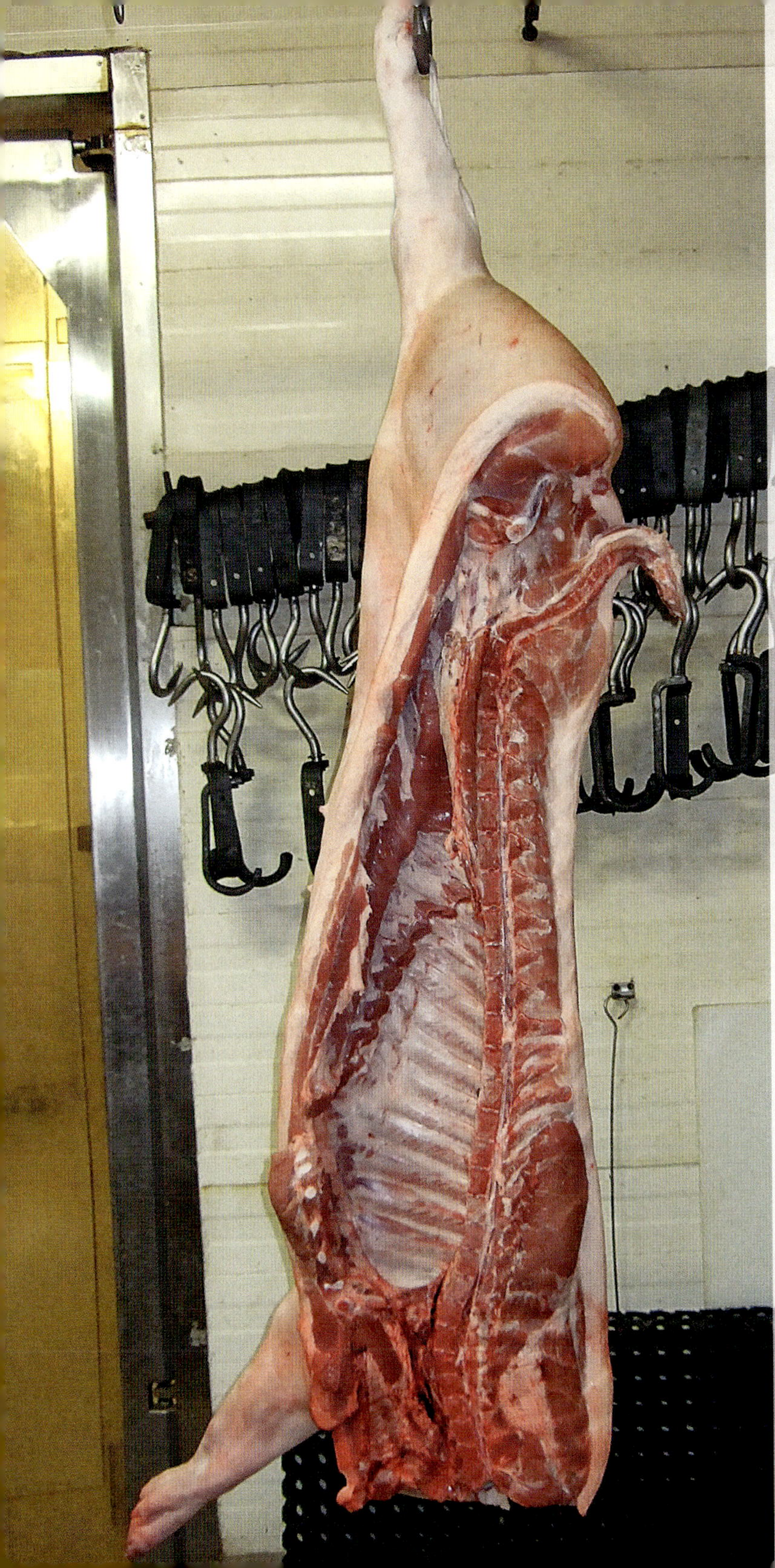

Das Muskelfleisch schlachtbarer Tiere kann nach dem Alter, dem Geschlecht und der Qualität klassifiziert werden.

Beurteilung nach dem Alter

Der Gesamteindruck vermittelt das Alter eines Tieres, so etwa die Größe des Schlachttieres, den Mastzustand und den Muskelschwund mit zunehmendem Alter.

Die Fleischfarbe jüngerer Tiere aller Tierarten ist stets heller als jene älterer Tiere. Die Fleischfaserung der älteren Tiere wird mit zunehmendem Alter immer gröber.

Weiters kann das Alter des Tieres über den Zustand der Knorpelverknöcherung ermittelt werden. Dies ist besonders am Schulterblatt, Brustbein und an den Dornfortsätzen der einzelnen Wirbel zu verfolgen. Mit fortschreitendem Alter verknöchern die Knorpel zunehmend.

Beurteilung nach dem Geschlecht

Das Fleisch von männlichen und weiblichen Tieren unterscheidet sich hauptsächlich in der Dicke der Fleischteile bzw. der Fettfarbe. So ist das Fett von männlichen Tieren stets heller als jenes von weiblichen, deren Fett eher ins Gelbliche übergeht.

Beurteilung nach der Qualität

Rindfleisch der Qualitätsklassen I–III

Je nach Beschaffenheit wird das Fleisch in Laden- oder Bankfleisch (Fleischstücke, die für den Verkauf in der Vitrine vorgesehen sind) bzw. in Wurst- oder Verarbeitungsfleisch eingeteilt.

Fleisch für den Verkauf sollte aus ganzen großen Muskelstücken bestehen, die mit einer dünnen Fettschicht überzogen sind. Diese Fettschicht ist ein natürlicher Schutz vor übermäßiger Abtrocknung bzw. ein wichtiger Aromastoffträger, der für den guten Geschmack des Fleisches mitverantwortlich ist.

Bei der Verarbeitung sollte jedoch darauf geachtet werden, dass sämtliche Muskelfleischstücke frei von jeglichem Fett sind. Bei Schweinefleisch, das der Verarbeitung dient, muss der Fettanteil dem jeweiligen Bedarf entsprechen.

Schweinefleisch der Qualitätsklassen I–III

Fleischqualitäten lt. Codex

Spitzenqualität	Fleisch I
	Fleisch II
	Fleisch III

Welches Fleisch für welche Wurst?

Rohmaterial für die Wurstherstellung

Grundsätzlich spielt die Wahl der Tierart für eine gewisse Wurstsorte nicht so eine entscheidende Rolle wie die innere Qualität des Fleisches. Bei der Herstellung der einzelnen Wurstsorten kann das Magerfleisch einer Tierart zur Gänze durch eine andere Tierart ersetzt werden (z. B. Leberkäse aus Rindfleisch → Putenleberkäse, Rohwürste aus Rindfleisch → Hirschwürste usw.).

Bei der Wahl des Magerfleisches sollte darauf geachtet werden, dass das Fleisch ausschließlich von stressfrei geschlachteten Tieren stammt. Je schonender und somit auch stressfreier ein Tier geschlachtet wurde, desto saftiger und geschmackvoller ist unser Ausgangsmaterial für qualitativ hochwertige Produkte aller Art.

Für Betriebe, die eigene Tiere schlachten, ist es umso wichtiger, den Tieren jegliche Art von Stress fernzuhalten.

Solche Stressfaktoren können sein:

- Lärm
- Gewalt
- Hitze
- rutschige Bodenbeläge
- lange Verlade- und Transportwege
- Umgebungs- und Geruchsveränderung

Wurde ein Tier solchen Faktoren ausgesetzt, auch nur über eine geringe Zeit hinweg, kann dies bereits zu unerwünschten Veränderungen im Fleisch führen (siehe PSE, DFD usw.).

Für Betriebe oder Privatpersonen, die keinerlei Einfluss auf den Schlachtablauf haben, ist es umso wichtiger, sich mit dem Fleisch und dessen möglichen Fehlern gründlich auseinanderzusetzen. Beim Ladenkauf in einer Fleischerei oder einem Kaufhaus ist es wichtig, dass das Fleisch nur geringfügig an Fleischsaft verlieren sollte. Bei übermäßigem Saftverlust kann auf eine Übersäuerung des Muskels geschlossen werden, was weder für die Saftigkeit noch den Geschmack dienlich ist.

Betrachten Sie das Fleisch, wenn möglich, immer unter natürlichen Lichtverhältnissen. Je nach Tierart sollte es eine zart rosa bis hin zu einer kräftigen roten Farbe besitzen. Fleischstücke in eigenen Vitrinen werden meist mit speziellen Lichtquellen beleuchtet, um so ihre Fleischfarbe noch besser zur Geltung zu bringen.

Reifegrad von Muskelfleisch

Den Reifegrad von Fleisch kann man ganz einfach über die **Fingermethode** bestimmen. Dazu drückt man mit dem Finger für kurze Zeit auf das Fleisch.

Verschwindet die Druckstelle wieder rasch, so ist das Fleisch noch ganz frisch und für die Wurstverarbeitung nur minder geeignet.

Bleibt die Druckstelle über einige Zeit hinweg sichtbar, sprechen wir von einem gereiften Fleisch, welches bestens für die Verarbeitung geeignet ist. Durch das Reifen wird eine Verbesserung der Wasserbindefähigkeit erreicht, was bei der Brätherstellung besonders wichtig ist.

Einteilung der Würste

Brätwurst mit sichtbarer Fleischeinlage

Die Würste werden nach der Zusammensetzung bzw. nach der Herstellung eingeteilt.

Nach der Zusammensetzung	
Brätwürste	→ einheitliches Schnittbild (Extra, Frankfurter, Leberkäse ...)
Fleischwürste	→ Brätwurst mit sichtbarer Fleischeinlage (Wiener, Polnische ...)
Innereiwürste	
Blutwürste	
Sulzwürste	

Nach der Herstellung	
Brühwürste	→ Fertiggestellte Würste werden in heißem Wasser gebrüht.
Kochwürste	→ Ausgangsmaterial besteht aus vorgekochtem Fleisch.
Rohwürste	→ Wurst als solche ist auch nach der Bearbeitung noch roh.

Technologie

Mit zunehmendem Maß des Wurstumsatzes am Fleischkonsum steigen auch die Bedeutung und das Ausmaß der Wursterzeugung. Derzeit wird der Wurstumsatz auf ca. 40 Prozent und mehr vom Fleischkonsum geschätzt. Diese Gegebenheit erfordert eine entsprechende technische Einrichtung bzw. fachliches Know-how, um bei der Wursterzeugung Fehlfabrikate zu vermeiden.

Im Österreichischen Lebensmittelkodex werden Würste folgendermaßen definiert: „Unter Würsten werden Fleischwaren verstanden, die aus zerkleinertem Skelettmuskelfleisch und Fettgewebe (in der Regel Speck) unter Zusatz von Kochsalz und Gewürzen, bei bestimmten Wurstsorten auch unter Mitverwendung von Innereien, Blut, Salzstoß, Schwarten, Separatorenfleisch sowie unter Zusatz von Trinkwasser (Eis) und anderen, noch näher zu bezeichnenden Hilfs- und Zusatzstoffen hergestellt werden."

Brühwurst-Zutaten vor dem Cuttern

Fleischtechnologische Grundbegriffe

- pH-Wert
- Eiweiß-Wasser-Bindung
- Emulsion
- PSE-Fleisch
- DFD/DCB-Fleisch
- aw-Wert
- Umrötung

pH-Wert

Der pH-Wert (negativer dekadischer Logarithmus der Wasserstoffionkonzentration) ist entscheidend für die Erzeugung jeder Art von Wurstwaren. Er ist sozusagen der Gradmesser der Säuerung.

Der Bereich des pH-Wertes des Fleisches bewegt sich zwischen ca. 7 und ca. 5,3. Je nach seiner Höhe kann über den Reifegrad des Fleisches Auskunft gegeben werden. Je nach Tierart und Menge des im Fleisch vorhandenen Glykogens (Muskelzucker) verläuft die Fleischsäuerung unterschiedlich rasch.

PSE-Fleisch

Fällt der pH-Wert nach der Schlachtung rapid ab, spricht man von einem sogenannten PSE-Fleisch (pail-soft-exedutive = bleich, weich und wässrig).

Der pH-Wert des Fleisches darf weder zu schnell noch zu langsam abfallen.

DFD-Fleisch

Bei zu geringem Absinken des pH-Wertes nach der Schlachtung handelt es sich um DFD-Fleisch (dark-firm-dry = dunkel, fest und trocken), beim Rind auch als DCB oder „Dark cutting Beef" bekannt.

pH-Wert des Fleisches nach der Schlachtung

Zum Zeitpunkt nach der Schlachtung befindet sich das Fleisch im neutralen Zustand (pH 7). Die Fleischsäuerung nimmt vorerst mit zunehmender Lagerzeit ständig zu, d. h. der pH-Wert sinkt.

Bereits nach 45 Min. kann man aufgrund des pH-Wertes erste Schlüsse auf die Qualität des Fleisches ziehen. Fällt der pH-Wert zu Beginn übermäßig stark oder nur sehr mäßig ab, deutet dies auf eine unzureichende Fleischqualität hin.

Je nach Tierart bzw. Alter und Muskelausbildung hat der pH-Wert nach ca. 36–48 Std. seinen Tiefstpunkt erreicht. In diesem Zustand hätte das Fleisch seine längste Haltbarkeit. Bei der darauffolgenden Fleischreife werden Stoffe freigesetzt, die den pH-Wert allmählich

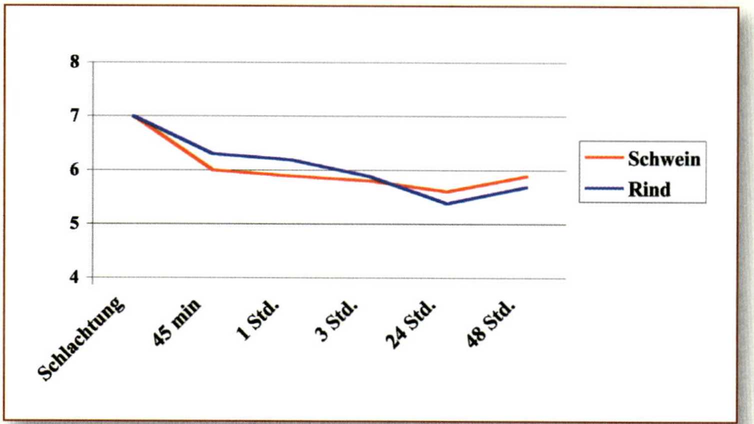

Der Verlauf des Fleisch-pH-Wertes nach der Schlachtung

wieder anheben. Überschreitet der pH-Wert die neutrale Grenze (pH 7), spricht man nicht mehr von einer Fleischreifung, sondern von einer Verwesung.

> Die Säuerung des Fleisches wird hauptsächlich durch die Milchsäure verursacht, die durch den Abbau von Muskelzucker entsteht. Dieser Abbau passiert anaerob, d. h. ohne Einwirkung von Sauerstoff.

Die tatsächliche Säuerung des Fleisches erfolgt auf zweierlei Arten:
- einerseits über den Abbau von Muskelzucker zu Milchsäure und
- andererseits durch den Abbau von ATP (= Adenosin-Tri-Phosphat) zu Phosphorsäure.

Die Säuerung durch Phosphorsäure spielt bei der Ammoniakbildung eine entscheidende Rolle.

Die Säuerung durch die Phosphorsäure nimmt im Gegensatz zur Milchsäure nur einen sehr geringen Anteil ein, spielt aber bei der Aromabildung eine sehr entscheidende Rolle. Der ganze Säuerungsprozess läuft zudem zeitverzögert ab. Größere Muskelpartien werden später gesäuert als Muskel geringeren Ausmaßes.

Eiweiß-Wasser-Bindung

Fibrilläres Muskeleiweiß wird auch **Struktureiweiß** genannt. Dieses Muskeleiweiß ist in Wasser unlöslich, jedoch quellfähig. Die darin enthaltenen Proteine Aktin und Myosin lagern sich bei der Totenstarre zu einer sogenannten Aktomyosin-Verbindung zusammen. Um diese Verbindung wieder zu lösen, wird **Brätphosphat (= Cutterhilfsmittel) zugegeben.**

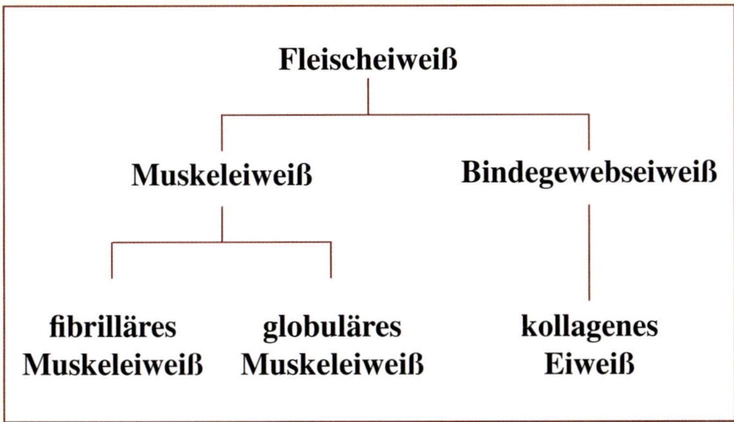

Zusammensetzung des Fleischeiweißes

Globuläres Muskeleiweiß ist in Wasser und Salzwasser löslich.

Kollagenes Eiweiß ist in Haut, Sehnen, Adern usw. enthalten.

In rohem Muskelfleisch sind ca. 8 bis 18 Prozent geformtes Eiweiß (Struktureiweiß) enthalten. Je höher der Anteil an Struktureiweiß ist, desto fester erscheint uns das Fleisch in seiner natürlichen Beschaffenheit. Für die Wasserbindung und somit für die Wurstproduktion spielt das sogenannte Struktureiweiß eine sehr wichtige Rolle.

Emulsion

Für die Herstellung von Würsten mit einheitlichem Schnittbild bzw. bei der Produktion von diversen Streichwürsten ist eine sogenannte Wasser-Fett-Emulsion von entscheidender Bedeutung.

Unter einer Emulsion versteht man das Vermischen zweier ineinander unlöslicher Stoffe unter Mithilfe eines Emulgators. Solche Emulgatoren sind in der Brätwursterzeugung verschiedene Eiweißstoffe (z. B. Muskeleiweiß, Lebereiweiß oder Milcheiweiß). Bei der Pasteten-Produktion werden ausschließlich Mono- und Diglyceride als Emulgatoren verwendet.

Emulgatoren in der Wursterzeugung sind verschiedene Eiweißstoffe.

PSE-Fleisch

PSE-Fleisch entsteht bei einer Übersäuerung des Muskels durch Milchsäure. D. h., werden die Tiere vor der Schlachtung übermäßigem Stress ausgesetzt, wird der Muskelzucker (Glykogen) unter Sauerstoffmangel in Milchsäure umgewandelt. Die nun im Schlachtkörper befindliche Milchsäure lässt den pH-Wert des Fleisches rapid absinken. Durch das extrem saure Milieu flockt das Eiweiß aus und gibt dem Muskel ein weißliches Erscheinungsbild. Weiters zerstören die Säurekristalle die Zellwände der Muskelzellen, wodurch der Fleischsaft ungehindert abfließen kann, das Fleisch verliert seine natürliche Festigkeit und bekommt eine schlaffe Konsistenz.

DFD-Fleisch

Durch den relativ hohen pH-Wert ist die Reifung des Fleisches nur unzureichend gegeben.

Das gegenteilige Extrem zum PSE-Fleisch ist das DFD-Fleisch. Durch extreme Beanspruchung der Muskulatur (lange Verladewege usw.) wird der Energiestoff ATP (= Adenosin-Tri-Phosphat) bereits vor der Schlachtung verbraucht, wodurch eine anschließende Säuerung des Fleisches nur unzureichend gegeben ist. Durch den relativ hohen pH-Wert erhält das Fleisch einen faden Geschmack und das Fleisch sowie daraus hergestellte Produkte weisen eine wesentlich geringere Haltbarkeit auf.

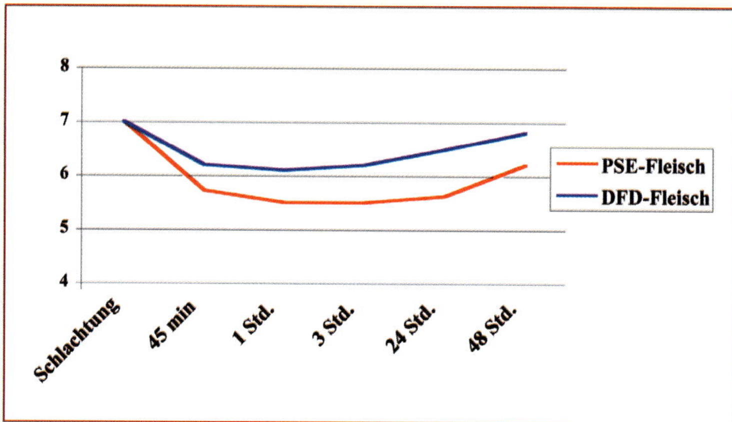

pH-Wert-Verlauf bei PSE- und DFD-Fleisch

PSE- und DFD-Fleisch

Umrötung (Stabilisieren des natürlichen Muskelfarbstoffes Myoglobin)

Die natürliche Fleischfarbe wird mit Nitritpökelsalz erhalten.

Um bei diversen Produkten die natürliche Fleischfarbe zu erhalten, bedarf es eines chemischen Prozesses, der mit Hilfe von Nitritpökelsalz durchgeführt werden kann.

Bei der sogenannten Umrötung wird der licht-, temperatur- und sauerstoffempfindliche Muskelfarbstoff durch Stickoxide, die bei der Pökelung entstehen, geschützt. Durch das Verbinden von Stickoxiden (NO_2 wird zu NO abgebaut) mit dem Eisen des Muskelfarbstoffes entsteht das stabile Nitrosomyoglobin, das hitze- und temperaturbeständig ist.

Zur Unterstützung der Stickoxid-Bindung verwendet man sogenannte **Umrötehilfsmittel** (= Farbstabilisatoren). Das sind Salze der Ascorbinsäure oder reine Ascorbinsäure (Vitamin C).

Durch das Umröten wird der natürliche Muskelfarbstoff geschützt.

Räuchern

Räuchern ist die älteste Methode, um die Oberfläche von Fleisch und Fleischprodukten haltbar zu machen. Darüber hinaus gibt der Rauch dem gepökelten Fleisch nicht nur eine goldbraune Farbe, sondern verleiht diesem auch einen besonderen Geschmack.

Je nach Region entwickelten sich daraus verschiedene Räuchertechniken, die dem Produkt unterschiedliche Geschmacksrichtungen verleihen. So wird das Fleisch in Ländern mit trockenen klimatischen Verhältnissen ausschließlich an der Luft „geräuchert" („Luftgeselchtes"). Solche Produkte (wie z. B. der San-Daniele-Schinken) erhalten dadurch ihren typischen Geschmack. Dieser wird durch ein leicht süßlich schmeckendes Aroma charakterisiert.

In Regionen mit einer unterschiedlichen Luftfeuchtigkeit werden verschiedene Holzarten bzw. auch Torf für die Raucherzeugung herangezogen.

Bei den verschiedenen Hölzern darf es sich ausschließlich um Harthölzer handeln, denn durch den höheren Harzgehalt im weichen Holz entstehen bei der Verbrennung krebserregende Schadstoffe (Benzpyren), die sich während der Räucherung an der Oberfläche des Fleisches festlegen.

Im Österreichischen Lebensmittelbuch (Codex alimentarius austriacus) wird der Gehalt an polyzyklisch aromatischen Kohlenwasserstoffen (Benzpyren) mit einem millionstel Gramm/kg festgelegt.

Durch das Erzeugen von Rauch außerhalb der Räucherkammer können sowohl die Kammertemperatur als auch der Schadstoffgehalt niedrig gehalten werden. Konkret wird dies durch ein sogenanntes Verglimmen des Räuchermaterials erzielt.

Rohwürste nach der Räucherung

Eigenschaften des Räuchermaterials

Die für die Räucherung verwendeten Materialien sollten in Form von Spänen vorliegen. Räucherspäne müssen in Behältnissen gelagert werden, in denen eine Verunreinigung von außen her unmöglich ist. Der Geruch solcher Späne darf weder eine muffige noch eine chemische Note aufweisen, sondern sollte immer an die jeweilige Holzart erinnern.

Links: Sägespäne Hartholz gemischt

Rechts: Sägemehl Buche

Je feiner die Späne bei der Räucherung sind, desto geringer ist die Gefahr des Aufflammens und damit der Produktion von Benzpyren. Extrem abgetrocknete Späne können vor Räucherbeginn leicht angefeuchtet werden.

Je nach gewünschter Geschmacksnote können unterschiedliche Holzarten verwendet werden. In den meisten Fleischereien wird hauptsächlich Buchenholz verwendet, was ein hervorragendes Räucheraroma und eine gleichmäßige goldbraune Rauchfarbe ergibt. Selbstverständlich können auch andere Hartholzarten verwendet werden. Bei Eichenspänen ist darauf zu achten, dass es durch den hohen Gerbstoffgehalt des Holzes zu einer leicht säuerlichen Note kommen kann.

Die gewünschte Rauchfarbe am Produkt entsteht durch farbgebende Stoffe im Rauch bzw. durch chemische Reaktionen zwischen dem Rauch und dem Produkt.

Vor Beginn des Räucherns muss darauf geachtet werden, dass die Oberfläche des Fleisches stets trocken ist. Bei feuchten Stellen kann der Rauch leicht kondensieren und erzeugt somit schwarze Rauchflecken.

Im Handel sind Räucherpulver in verschiedenen Geschmacksrichtungen erhältlich.
(Foto: www.holzeis.com)

Das Aroma eines geräucherten Produktes setzt sich aus der Verbindung von Rauch-, Fleisch- und Gewürzaroma zusammen. Sind alle drei Komponenten gut ausgeprägt, so kann man von einem harmonischen Produkt sprechen.

Zu kurz gereiftes oder zu stark geräuchertes Fleisch hat ein unharmonisches Aroma.

Wurden eine oder zwei dieser Komponenten zu wenig ausgebildet, kann die dritte Komponente als extrem störend in den Vordergrund treten. Z. B. zu kurz gereiftes Fleisch konnte sein Fleischaroma nicht zur Gänze entfalten und wird von den Gewürzstoffen bzw. der Rauchnote zu stark im Geschmack beeinflusst. Ebenfalls zu stark geräuchertes Fleisch kann durch einen scharfen, beißenden Geschmack bzw. Geruch das Fleischaroma beeinflussen.

Arten der Rauchererzeugung

Glimmrauch

Die klassische Art, Rauch zu erzeugen, ist der Glimmrauch. Hierbei werden Hartholzspäne zum Glimmen gebracht, die dann stark zu rauchen beginnen. Über ein Gebläse oder den natürlichen Zug vom Kamin wird der Rauch vom Raucherzeuger abgezogen und in die Räucherkammer weitergeleitet.

Bei der Herstellung von Glimmrauch sollte immer darauf geachtet werden, dass das Räuchergut niemals zu brennen beginnt. Durch ein Aufflammen können im Rauch krebserregende Stoffe entstehen, die für die menschliche Gesundheit absolut nicht zuträglich sind.

Reibrauch

Reibrauch ist im Geschmack milder.

Ein Holzstück (Hartholz) wird über ein Reiberad zum Glimmen gebracht. Die Glimmtemperatur beim Reibrauch liegt weit unter der des Glimmraucherzeugers. Daher ist der Rauch im Geschmack milder und der Gehalt an unerwünschten Rauchinhaltsstoffen wesentlich geringer. Durch den hohen Kraftaufwand und die beachtliche Lärmentwicklung erfreut sich der Reibrauch nicht sehr großer Beliebtheit. Von Fachleuten wird der Glimmrauch zumeist als aromatischer im Geschmack bezeichnet als der Reibrauch.

Flüssigrauch

Die Zukunft des Räucherns gehört mit Sicherheit dem Flüssigrauch. Durch Einleiten von Rauch in Wasser wird der sogenannte Flüssigrauch hergestellt, der meist zusätzlich gegen krebserregende Stoffe behandelt wird. In der Räucherkammer wird diese Flüssigkeit mit hohem Druck durch ganz feine Düsen gepresst, wodurch der „Rauch“ feinst vernebelt wird und so seine ursprüngliche Form wieder erlangt.

Durch die Verwendung von Flüssigrauch kann die Farbintensität genau über die Räucherzeit eingestellt werden und unterliegt keinerlei natürlichen Faktoren, wie z. B. Holzart, Feuchte des Holzes usw.

Durch Flüssigrauch kann die Farbintensität über die Rächerzeit eingestellt werden.

Geräte und Maschinen für die Fleischverarbeitung

Je nach Wurstsorte werden unterschiedliche Fleischereimaschinen verwendet.

Fleischwolf

Egal ob Ladenwolf, Standardwolf oder Winkelwolfautomat, die Funktion des Wolfes ist immer ein und dieselbe. Mittels einer Schnecke wird das zu zerkleinernde Fleisch durch einen Tunnel zu den Schneidwerkzeugen transportiert, wo es mit dem Schneidsatz (Messer + Lochscheiben) auf die gewünschte Schnittgröße (Körnung) geschnitten wird. Je nach Größe des Wolfes kann der Schneidsatz aus einem oder

Auch zu diversen Küchenmaschinen gibt es passende Wolfaufsätze.

Wenn man öfter größere Mengen wolft, sollte man schon auf ein „Profigerät" zurückgreifen.

mehreren Messern bestehen, die durch sogenannte Lochscheiben getrennt werden.

Vor Beginn des Wolfens ist stets darauf zu achten, dass die Überwurfmutter, die den Schneidsatz zusammenhält, nicht festgezogen wird!! Durch Reibung von Metall entsteht sehr rasch Wärme, die das Metall ausdehnen und so das Schneidwerkzeug rasch stumpf werden lässt.

> Durch Zurückdrehen der Überwurfmutter um „fünf Minuten" erreicht man, dass der Schneidsatz locker im Gehäuse sitzt und es so zu keinerlei Reibung kommt.

Weiters sollte auch darauf geachtet werden, dass die Beschriftung der einzelnen Lochscheiben immer von links nach rechts zu lesen ist. Dadurch wird die Laufrichtung beibehalten und die Standzeiten der Messer und Lochscheiben wesentlich verlängert.

Das gewolfte Verarbeitungsfleisch sollte einer „wallenden Haarpracht" gleichen! D. h., die einzelnen Fleischfäden sind nicht miteinander verklebt, was auf einen guten Zustand der Messer rückschließen lässt. Sollten keinerlei Fleischfäden mehr erkennbar sein, so ist ein dringendes Wechseln der Messerklingen erforderlich!

Kleinerer Fleischwolf für Direktvermarkter (Foto: www.holzeis.com)

Um genügend Muskelzellen aufzuschneiden und somit zu den für uns so wichtigen Eiweißstoffen Aktin und Myosin zu gelangen, ist eine gute Schneide der Wolfmesser daher um so wichtiger.

Zusatzwerkzeuge

Trennsatz:

Durch den Trennsatz können kleine Knochen und Knorpel- sowie Sehnenteile während des Wolfens abgetrennt werden, was eine Aufwertung des Verarbeitungsfleisches und eine Erleichterung für den Fleischer darstellt. Solche Trennsätze charakterisieren sich durch Lochscheiben mit schrägen Bohrungen und gerillten Messern, die auch nachträglich in sämtliche Fabrikate eingebaut werden können. Durch diese schrägen Bohrungen wird verhindert, dass Knochenteile bzw. schlecht schneidbare Materialien, wie z. B. Knorpel und Sehnen, im gewolften Gut landen. Die Knochen- und Knorpelteile werden aufgrund der drehenden Bewegung der Welle zur Mitte hin transportiert und über einen eigenen Kanal abtransportiert.

Trennsatz mit Lochscheiben

Cutter

Er wird auch als Schneidmischer bezeichnet und ist die wichtigste Maschine in der modernen Fleischverarbeitung.

Der Cutter wird benötigt, um die verbleibenden Muskelzellen aufzuschneiden und das darin befindliche Eiweiß herauszumassieren. Wie beim Fleischwolf gibt es auch hier alle nur erdenklichen Größen.

Beim Cuttern wird das Material in einer sich drehenden Schüssel der rotierenden Messerwelle zugeführt.

Je nach dem herzustellenden Produkt wird eine unterschiedliche Anzahl von Messern bzw. Schüsselgeschwindigkeiten verwendet.

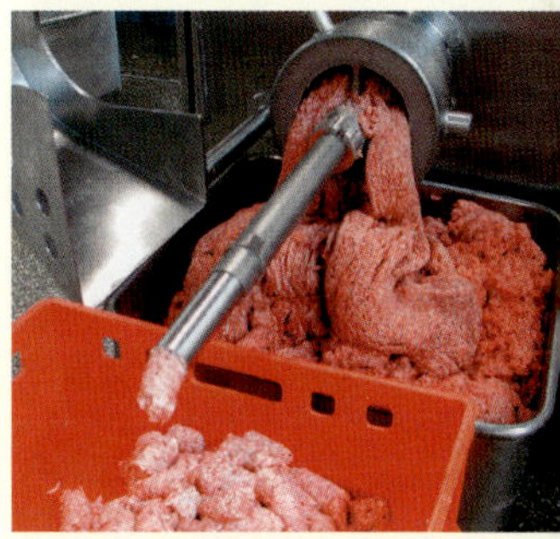

Fleischwolf mit „Trennsatz" zum Abtrennen von Sehnen- und kleinen Knorpelteilen

Für einen reibungslosen Cutterprozess ist auf folgende Punkte stets zu achten:

Scharfe Messer

Überprüfen Sie vor jedem Produktionsbeginn die einzelnen Klingen auf etwaige Schäden durch Knochenteile. Stumpfe und beschädigte Messer öffnen uns die Muskelzellen im Verarbeitungsfleisch nur mehr unzureichend und müssen daher dringend zum Schleifen gebracht werden. Weiters entsteht durch die stumpfe Oberfläche der Klinge eine enorme Widerstandsfläche, welche sich in Reibungswärme äußert und schlecht für das Eiweiß und somit für die Bindung ist.

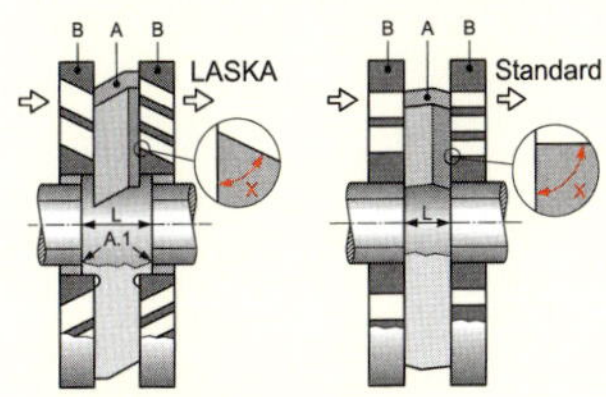

Lochbohrung bei Trennsatz und Standard

Schleifen Sie niemals die Cuttermesser selbst mit der Hand, sondern überlassen Sie dies einem Fachmann, der die dafür geeigneten Profilschleifmaschinen besitzt. Durch unfachmännisches Schleifen

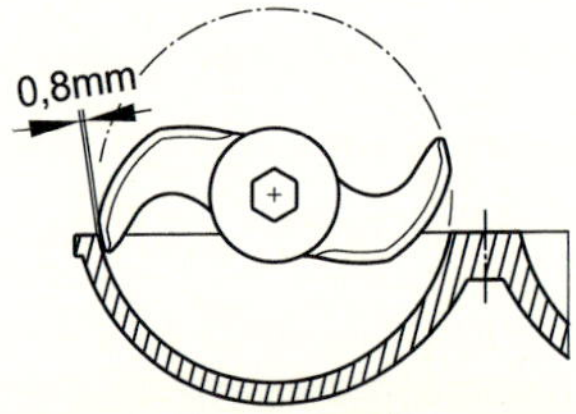

Optimaler Abstand zwischen Messer und Schüsselrand

verändert sich zwangsläufig das Gewicht der einzelnen Messer, was bei Drehzahlen von bis zu 6.000 U/min zu gewaltigen Vibrationen und somit zum Bruch der gelagerten Messerwelle führen kann.

Vor dem Einbau muss daher das Gewicht (am besten mit einer Briefwaage) ermittelt und dann die Messer gegenüber eingebaut werden. Der Abstand der einzelnen Klingen zur Schüssel hin sollte bei ca. 0,3 bis maximal 1 Millimeter liegen. Je geringer der Abstand zwischen Messer und Schüssel ist, desto geringer ist die Wahrscheinlichkeit, dass sich unbearbeitetes Fleisch dazwischen ansammelt. Weiters kann auch auf ein Mitmischen mit der Hand verzichtet werden. Der Abstand kann einfach mittels der Plastikkarte, die für die Reinigung der Schüssel dient, kontrolliert bzw. eingestellt werden.

Einblick in den Cutter

Antrieb

Von Zeit zu Zeit sollte die Keilriemenspannung zwischen dem E-Motor und der Messerwelle kontrolliert werden. Schenken Sie auch dem Ölstand im Getriebe, der für den Schüsselantrieb verantwortlich ist, einmal im Jahr Ihre Aufmerksamkeit.

Thermometer

Wichtig für die Endtemperatur des Brätes ist das Thermometer. Je nach Messbereich kann das Thermometer in kochendes Wasser oder mit anderen Thermometern in warmes Wasser gegeben werden. Dabei sollten der Wert von 100 °C bzw. übereinstimmende Werte mit den anderen Messgeräten angezeigt werden. Ist dies der Fall, steht einem erfolgreichen Cutterprozess nichts mehr im Wege.

Cutter für kleinere Betriebe

Mischmaschinen

Da so manche Wurstsorte ein grobes Anschnittbild besitzt, kann nicht alles mit dem Schneidmischer bzw. Cutter gemischt werden. Hier kommen dann sogenannte Mischmaschinen zum Einsatz, die gegebenenfalls auch unter Vakuum arbeiten können und so ein blasenfreies Produkt garantieren. **Bei kleineren Chargen kann die Masse selbstverständlich auch mit den Händen gemischt werden.** Beim Mischen sollte die Temperatur der Masse stets im Auge behalten werden. Wie beim Wolf bzw. dem Cutter kann auch hier Reibungswärme entstehen, die dem Eiweiß schadet. Mischen Sie die Masse nur so lange, bis das fertige Schnittbild erkennbar ist. Hierfür nehmen Sie ein Messer oder eine Karte und streichen über die gemischte Masse. Lässt sich das von Ihnen erwünschte Schnittbild erkennen, kann die Masse gefüllt werden.

Wichtig:

Die Körnung (Schnittgröße) lässt sich mit der Mischmaschine nicht einstellen, sondern ist mit dem Fleischwolf vorzugeben.

Oben: Wurstfüller an Fleischwolf auf Küchenmaschine montiert.
Links: Für Haushaltsmengen lässt sich die Wurstmasse auch in der Küchenmaschine mischen.

Wurstfüller

Der Wurstfüller wird auch als Wurstspritze bezeichnet, er wird zum Befüllen von verschiedenen Wursthüllen verwendet. Dabei wird das Füllgut über einen Kolben oder ein Zellenrad durch das Füllrohr in die Wursthülle gepresst.

Ein Zellenrad wird bei sogenannten Vakuumfüllern verwendet. Letzterer hat den Vorteil, dass das Füllgut blasenfrei in die Hülle gefüllt werden kann. Solche Füller sind meist mit Zusatzgeräten, wie z. B. **Portionier-** oder **Abdrehgeräten**, gekoppelt und somit für den Kleinbetrieb und den Direktvermarkter von geringerer Bedeutung.

Bei den Kolbenfüllern gibt es elektrisch- bzw. handbetriebene Modelle, bei denen der Kolben vertikal, aber auch horizontal angeordnet sein kann.

Von Hand betriebene Wurstfüller mit liegenden Kolben (Foto: www.holzeis.com)

Füller mit horizontal liegenden Kolben arbeiten schonender als Füller mit vertikalen Kolben, da das Füllgut beim liegenden System nicht über eine seitliche Füllöffnung gepresst werden muss. Dies ist bei der Herstellung von Rohwürsten von entscheidender Bedeutung.

Je nach Wurstsorte, die mit dem Füller gefüllt werden soll, gibt es Füllrohre mit unterschiedlichem Durchmesser. Kurz gesagt: Der Durchmesser des Füllrohres soll der Wursthülle angepasst sein. So hat es wenig Sinn, eine Extrawurst mit 70 Millimeter Durchmesser mit einem Füllrohr von nur 10 Millimeter zu befüllen.

Eisgeräte

Das für die Brätherstellung benötigte Eis kann über solche Eisgeräte hergestellt werden. Die Form des Eises kann würfel- bzw. flockenförmig sein. Beim Flockeneiserzeuger wird Wasser über eine tiefgekühlte Walze gesprüht, die das Wasser sofort gefrieren lässt. Ein nachlaufendes Messer schabt die Eiskruste ab und lässt das Eis in einen Vorratsbehälter fallen.

Für kleine Produktionsmengen kann man das Wasser auch in Leberkäsformen einfrieren und später über eine Eismühle wieder zermahlen. Der große Vorteil von Eismühlen ist der, dass das Eis extrem fein zerkleinert werden kann und so für die Cuttermesser eine geringere Belastung darstellt. Geringe Mengen an Eis können unter Umständen vom örtlichen Fleischer bezogen werden.

Brüh- und Kochgeräte

Brühkessel

Für die Erzeugung von Brüh-, aber auch Kochwürsten ist ein sogenannter Brühkessel unumgänglich. Heutzutage werden die meisten Modelle mittels elektrischem Strom beheizt. Aber auch öl- bzw. gasbetriebene Anlagen finden heute noch ihre Einsatzbereiche.

Um ein möglichst schonendes Kochen zu gewährleisten, ist es besonders wichtig, die Temperatur stets konstant zu halten. Ein Kernthermometer gibt jederzeit Auskunft über die Temperatur im Inneren des Produktes.

Das Brühen von Würsten kann auch in normalen Küchentöpfen erfolgen. Hier besteht jedoch die Gefahr der Überhitzung bzw. der Auslaugung durch das Wasser. Zudem haben herkömmliche Küchenherde keine Thermostatregelung und bedürfen erhöhter Aufmerksamkeit durch den Fleischer bzw. Koch.

Selch- und Räucheranlagen

Die Selchen werden in drei Arten eingeteilt: in Mauerselchen, Eisenselchen und in kombinierte Anlagen.

Mauerselchen

Solche Selchen werden meist über eine außen liegende Feuerstelle betrieben und sind nur durch eine Stahltüre verschlossen. Über Klappen kann der Zug für die Luft, aber auch den Rauch beliebig verstellt werden. Derartige Selchen werden vorwiegend für die Herstellung von Rohwaren verwendet, da es möglich ist, den Rauch über lange Wege hin abzukühlen und so einen angenehmen Rauchgeschmack zu erzielen.

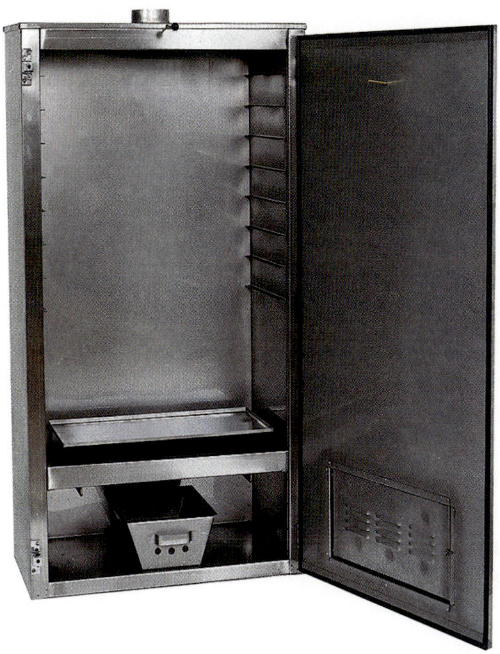

Moderner Räucherschrank aus Edelstahl, Fa. Eidler, Wiesmath (links)

Räucherschrank mit Gasheizung (auch für Außenbetrieb), Fa. Pasta Noris, Nürnberg (rechts)

Stahlselchen

Diese Selchanlagen haben einen sehr geringen Platzbedarf und können ohne größere Umbauarbeiten errichtet und aufgestellt werden. Durch ihre Isolierung und die innenliegende Feuerstelle erreichen sie rasch sehr hohe Temperaturen. Durch ihre einfache Bauweise kühlen sie wiederum aber auch sehr rasch wieder aus.

Kombinierte Anlagen

Bei diesen Anlagen kann die Kammertemperatur stets konstant gehalten werden.

Bei diesen Anlagen ist es möglich, Reifen, Räuchern, Kochen, Braten und Trocknen mit ein und demselben Gerät durchzuführen. Durch eine spezielle Raucherzeugung ist es möglich, eine geringe Rauchtemperatur zu erzielen. Die getrennt von der Feuerstelle arbeitende Selchheizung kann die Kammertemperatur stets konstant halten, was eine beträchtliche Arbeitserleichterung darstellt. Über ein Gebläse werden die heiße Luft, aber auch der Rauch und der Dampf gleichmäßig und oftmals am Produkt vorbeigeleitet, wodurch die Effizienz der einzelnen Schritte enorm gesteigert werden kann.

Die Beschickung derartiger Selchen erfolgt meist über sogenannte Selchwagen, die als Ganzes mit dem Produkt in die Anlage gestellt werden.

Kühlanlagen und Kühlräume

Fleischreifung im Kühlraum

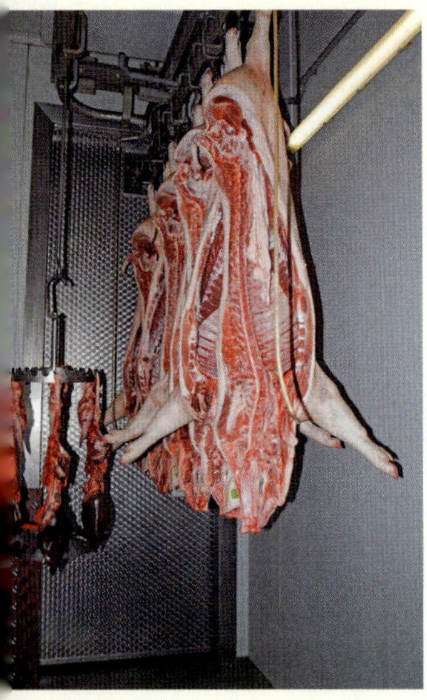

Sowohl im Frischfleisch- als auch im Wurstbereich ist der Kühlraum eine absolute Notwendigkeit.

Die Kühlung basiert auf einem einfachen physikalischen Gesetz: Beim Übergang einer Flüssigkeit in den gasförmigen Aggregatszustand wird der Umgebung Wärme entzogen = Verdampfungsenergie.

Im Kühlraum wird dabei in einem sogenannten Verdampfer das Kühlmittel (meist leicht verflüssigbare Mittel, wie z. B. Ammoniak, Äther usw.) verdampft, wodurch dem Raum Wärme entzogen wird.

Grundsätzlich können bei der Kühlung zwei Arten unterschieden werden:

Stille Kühlung

Über den an der Decke befindlichen Verdampfer wird die warme Luft gekühlt und strömt langsam über die zu kühlenden Güter auf den Boden. Die warme Luft hingegen steigt dabei auf und wird im Verdampfer wieder abgekühlt.

Aktive Kühlung

Im Unterschied zur stillen Kühlung befindet sich im Verdampfer der aktiven Kühlung ein Ventilator, der die gekühlte Luft mit einer hohen Luftgeschwindigkeit an das Fleisch heranführt. Solche Anlagen zeichnen sich durch eine enorme Kühlleistung aus und werden überwiegend in Schlächtereien eingesetzt.

Der einzige Nachteil bei der aktiven Kühlung liegt darin, dass durch die hohen Luftgeschwindigkeiten eine mehr oder weniger starke Abtrocknung gegeben ist.

Durch die hohe Luftgeschwindigkeit ist eine starke Abtrocknung möglich.

Bei Kühlanlagen, die ständig in Betrieb sind, sollte darauf geachtet werden, dass der Verdampfer von Zeit zu Zeit von Vereisungen befreit wird, um so die Betriebskosten und die Leistung des Kühlaggregats zu optimieren.

Um einen problemlosen Betrieb gewährleisten zu können, sollte ein Thermostat bzw. ein Hygrometer auf keinen Fall fehlen.

Durch Bimetallstreifen, Quecksilber oder temperaturempfindliche Stahlfedern im Thermostat kann die Temperatur im Kühlraum genau ermittelt und so auf das gewünschte Niveau eingestellt werden.

Bei Temperaturabweichungen wird das Kühlaggregat hinzu- oder weggeschaltet.

Mit dem Hygrometer kann die Luftfeuchtigkeit eines Raumes eingestellt werden. Dies spielt vor allem beim Reifungsprozess von Rohwürsten eine große Rolle.

Optimale Luftfeuchtigskeitswerte für den Kühlraum liegen bei etwa 75–78 % rel. LF. Im Vorkühlraum bei ca. 85 % rel. LF und im Pökelraum bei ca. 90–95 % rel. LF.

Füllen

In der Fleischerei stellt das Befüllen von Natur- und Kunstdärmen den sensibelsten Bereich dar. Hier können die meisten Fehler begangen werden, wodurch aus einem guten Ausgangsprodukt ein Fehlprodukt entstehen kann.

Kurz gesagt: Die Wurstmasse muss blasenfrei und so prall wie möglich in den Darm eingefüllt werden.

Bei zu geringer Prallheit entstehen bei dünnen Portionswaren, wie z. B. Frankfurtern, rasch Falten, die später nicht mehr behoben werden können.

Füllrohr mit darübergestülpter Wursthülle (hier Schafsaitling)

Vakuumfüller mit automatischer Haltervorrichtung

Um solchen Problemen aus dem Weg zu gehen, gibt es ein paar goldene Regeln:

- Die Wursthülle mit dem größtmöglichen Füllrohr füllen.
- Jeden Naturdarm prall und in einem Stück füllen (Därme dehnen etwas nach).
- Naturdärme ½ Std. in warmem Wasser wässern.
- Fertiges Brät so rasch wie möglich füllen (Rohwurst max. 4 °C).
- Wasser vor dem Befüllen aus dem Darm streifen.
- Kontakt von Wasser und Brät, wenn möglich, vermeiden.
- Brät luftfrei in den Füller füllen.

Durch moderne Füllmaschinen wie Vakuumfüller können die Wursthüllen nahezu blasenfrei befüllt werden, was eine Vergrünung an den Lufteinschlüssen unterbindet. Zusätzlich können derartige Maschinen Portionswaren genau portionieren und abdrehen. Bei Kolbenfüllsystemen ist auf das Befüllen der Kammer besonderes Augenmerk zu legen. Dies sollte stets blasenfrei passieren.

Wursthüllen

Grundsätzlich kann man bei den Wursthüllen zwischen Naturdärmen und Kunstdärmen unterscheiden.

Naturdärme

Naturdärme kommen meist gesalzen in den Handel.

Sie werden hauptsächlich vom Rind, Schwein, Schaf bzw. vom Kalb gewonnen. Dabei werden folgende Darmabschnitte verwendet: Dünndarm, Dickdarm und Blinddarm (Butte). Der Großteil der Naturdärme kommt gesalzen bzw. in einer Salzlake in den Verkehr. Die Handelsform bei Schafsaitlingen passiert fast ausschließlich im englischen Maß, dem Hank. (1 Hank = 100 Yard = 91,44 Meter). Kranzdärme von Schweinen bzw. Rindern und Kälbern werden im Bund gehandelt (18 bzw. 30 Meter).

Verwendung der verschiedenen Darmsorten

Kranzdarm (Dünndarm) Rind: Blut- und Leberwurst, Braunschweiger, Knackwurst, Dürre im Kranz, Extrawurst im Kranz usw.
Dünndarm Schwein: Brühwürstchen, Krainer, Burenwurst, Meterwurst, Münchner Weißwurst, Bauernbratwurst, Landjäger usw.

Dünndarm (Saitlinge) Schaf: Frankfurter, Wiener Würstchen, Nürnberger Bratwürstel, Debreziner, Cabanossi, diverse Rohwurstsorten usw.

Naturdärme: Rind, Schaf und Schwein

Kunstdärme

Kunstdärme werden in Papier-, Cellulose-, Faser-, Steril- und Naturindärme eingeteilt. Sämtliche Kunstdärme mit Ausnahme des Naturindarms müssen vor der Befüllung in warmem bis heißem Wasser eingeweicht werden, um gut verarbeitbar zu sein.

Papierdärme

Bestehen aus einem pergamentpapierähnlichen, kochfesten Papier. Nach einer zehnminütigen Einweichphase werden sie ähnlich wie Naturdärme verarbeitet. Sie eignen sich hauptsächlich für Brühwürste und können mehrere Male eingeweicht werden.

Cellulosedärme

Werden aus der Viskose der Fichte hergestellt. Die Viskose ist eine honigfarbene Masse, welche in ein Säurebad eingespritzt wird und so einen Schlauch ergibt.

Solche Därme können sehr lange gelagert werden, wenn sie nicht gewässert worden sind. Bereits gewässerte Därme müssen bis zu ihrer Weiterverarbeitung nass gehalten werden, ansonsten trocknen sie rasch aus und sind für die Befüllung kaum noch verwendbar.

Faserdärme

Sind Cellulosedärme, in denen ein sehr reißfestes Papier eingearbeitet ist. Solche Wursthüllen sind sehr druckfest und können nicht überfüllt werden. Vor allem bei der Fleischwurstproduktion werden solche Hüllen bevorzugt verwendet.

Links: Kunststoffdarm
Rechts: Faserdarm

Hautfaserdärme

Der Grundstoff für diese Art von Wursthülle ist die Haut älterer Tiere, die feinst zermahlen und durch Ringdüsen zu einem Schlauch gepresst wird. Um das Zusammenkleben solcher Därme zu verhindern, werden sie nach dem Pressen mittels warmer Luft und Imprägnierungsmitteln getrocknet.

Vor der Verarbeitung werden die Därme in ca. 30 °C warmem Wasser 10–15 Min. lang eingeweicht. Um die Einweichdauer zu verkürzen, kann man die Hüllen auch in einer 10 %igen Kochsalzlösung einweichen (30 °C).

Sterildärme

Der Grundstoff dieser Wursthüllen ist Kunststoff. Dadurch werden die Hüllen luft- und wasserundurchlässig und brauchen weder geräuchert noch getrocknet werden.

Ihren Einsatzbereich finden sie in der Kochwurst- und Brühwurstproduktion. Werden Brühwürste, wie z. B. Extrawurst, Pikantwurst u. Ä. in Sterildärme gefüllt, so ist der nicht auftretende Brühverlust in der Rezeption mit einzuberechnen (Reduktion der Eismenge!)! Für die Rohwurstproduktion sind derartige Wursthüllen ungeeignet, da sie keinerlei Gasaustausch bei der Trocknung zulassen.

Links: Hautfaserdarm
Rechts: Vor dem Füllen werden die Faserdärme in warmes Wasser eingelegt, das erhäht die Geschmeidigkeit bei der Verarbeitung.

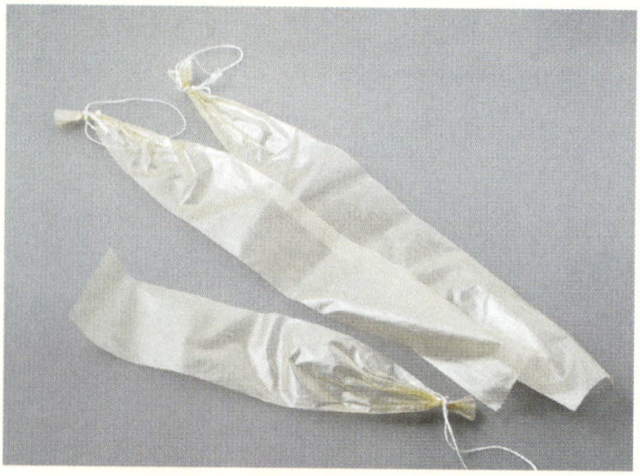

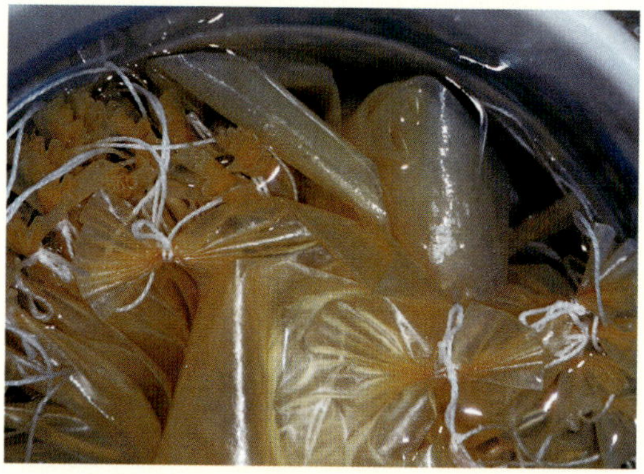

Naturindärme

Werden aus hochwertigem Eiweiß gewonnen und genauso wie der Cellulosedarm in ein Säurebad eingespritzt. Im Unterschied zu den anderen Kunstdärmen kann der Naturindarm wie ein Saitling mit dem Würstchen mitverzehrt werden.

Durch die exakte Kalibertreue (gleichbleibender Durchmesser) und Produktbeschaffenheit werden sie sehr gerne bei Portionswaren eingesetzt, die automatisch befüllt werden. Die natürliche Krümmung wie bei Schafsaitlingen und anderen Naturdärmen kann mit speziellen Naturindärmen erreicht werden.

Grundlegende Anforderungen an einen Kunstdarm
• geruch- und geschmacklos
• brüh- und bratfest
• spritzfest
• hygienisch
• gut schälbar

Herstellung von Brät (Grundbrät)

Beim Brät unterscheidet man zwischen dem **herkömmlichen Brät (Grundbrät)** und dem **Aufschnittbrät.** Das Brät als solches besteht nur aus zerkleinertem Muskelfleisch und gefrorenem Wasser. Im Aufschnittbrät ist zusätzlich noch Fett enthalten.

Für die Herstellung von Brät wird das gewolfte Magerfleisch in den Cutter gegeben. Achten Sie darauf, dass das Magerfleisch so fein wie möglich gewolft wird, um lange Cutterzeiten zu vermeiden. Auf das Magerfleisch wird nun die benötigte Menge Brätphosphat gestreut und mit der ersten Geschwindigkeitsstufe eingecuttert.

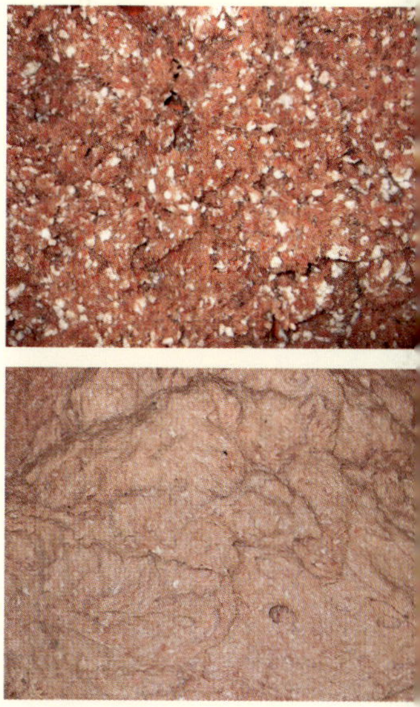

Verschiedene Wurstbrätarten

Ist das Bindemittel (Brätphosphat) nicht mehr sichtbar, kann mit der Salzzugabe begonnen werden. Je nach Magerfleischqualität ist bereits jetzt eine klebrige Konsistenz festzustellen. Um das Fleisch nicht überzubeanspruchen, sollte nun mit der Eiszugabe begonnen werden. Bei der Grundbrätherstellung kann die gesamte Schüttung in den Cutter gegeben werden. Cuttern Sie nun die Masse auf ca. 4 °C. Ständiges Mitmischen mit den Händen während des Cutterns unterbindet die Bildung einer Randschicht zwischen der Schüssel und den Messern und erhöht zugleich den Zerkleinerungsgrad der restlichen Masse. Deutliche Zeichen einer guten Eiweißfreisetzung sind das Bilden von großen Luftblasen an der Oberfläche und eine elastische, dünne Brätschicht zwischen den Fingern bzw. den stehenden Cuttermessern.

Warum Eis beim Cutterprozess

Beim Cutterprozess wird das Magerfleisch mittels scharfer Messer, die auf einer rotierenden Welle sitzen, feinst zerkleinert. Dabei werden die Muskelzellen aufgeschnitten und das darin befindliche Eiweiß an die Oberfläche gebracht.

Je nach Geschwindigkeit der Messerwelle legen die Messerenden eine Strecke von 30–90 Meter in der Sekunde zurück, was eine Geschwindigkeit von über 300 km/h ergibt. Dabei können an den Schnittstellen Temperaturen von über 40 °C entstehen, die die Wasser-Eiweiß-Bindung negativ beeinflussen können. Achten Sie darum, wie bereits erwähnt, immer auf Messer mit einer scharfen Klinge. Um die Temperatur möglichst gering halten zu können, wird dabei Eis beim Cutterprozess verwendet.

Eine zu lange Cutterzeit schadet der Wasser-Eiweiß-Bindung.

Gefrorenes Fleisch, im Cutter zerkleinert und zusätzlich mit Eis gekühlt, ergibt in Summe eine zu lange Cutterzeit, was wiederum der Bindung schadet. Der gesamte Cutterablauf sollte eine Zeitspanne von ca. zehn Minuten nicht überschreiten. Diese Gesamtzeit ist natürlich von der Geschwindigkeit des Cutters bzw. der im Cutter befindlichen Menge abhängig.

Das nun erzeugte Brät kann dann für die Herstellung diverser Fleischwürste verwendet werden.

Bei der Erzeugung verschiedener Arten von Fleischwürsten (z. B. Polnische, Wiener, Braunschweiger usw.) lohnt es sich, die Brätmasse im Gesamten herzustellen. Beachten Sie bei der Produktion immer die im Codex angeführten Grenzwerte.

Fettsorten für das Aufschnittbrät: Goderspeck, weiches Fett, Rückenspeck

Herstellung von Aufschnittbrät

Der Herstellungsablauf beim Aufschnittbrät ist ident mit dem des Grundbrätes. Im Gegensatz zum herkömmlichen Brät bzw. Grundbrät werden dem Aufschnittbrät in der letzten Phase (4 °C Brättemp.) die fetten Abschnitte bei laufender Maschine (Cutter) beigegeben und auf eine Endtemperatur von 10–12 °C fertiggecuttert.

Dieses Aufschnittbrät kann für Sorten wie Krakauer hell, Champignonwurst, Pikantwurst usw. verwendet werden.

Brät bzw. Grundbrät = Magerfleisch + Eis
Aufschnittbrät = Magerfleisch + Eis + fette Abschnitte
} **+ evtl. nötige Cutterhilfsmittel (Brätphosphat)**

Verschiedene Cuttermethoden für die Brätwurstherstellung

Aufbaumethode

In das gewolfte Magerfleisch wird das Brätphosphat und das Pökel- bzw. Speisesalz gegeben und mit 50 % der Eismenge auf 4 °C gecuttert. Ist die Brättemperatur bei 4 °C angelangt, kommen die fetten Abschnitte in den Cutter und werden zusammen mit dem Magerfleisch zur Emulsion gebracht. Endtemperatur 12–14 °C.

Alles-in-einem-Methode

Diese Methode wird hauptsächlich bei kleineren Produktionsmengen angewandt. Hierfür kommen alle Zutaten und die Hälfte des Eises in den Cutter und werden zu einem feinen Brät verarbeitet. Die restliche Eismenge wird nach der Zugabe der Wurstgewürze zugegeben.

Bei allen Cuttermethoden ist es wichtig, die Gewürze wegen der thermischen Beanspruchung erst im zweiten Drittel der Cutterphase hinzuzufügen.

Schockbrätmethode

Bei der Schockbrätmethode wird das Fett ohne jeglichen Zusatz schön flaumig gecuttert. Die Fetttemperatur kann dabei ohne Weiteres auf 15–20 °C ansteigen, ohne Qualitätsverluste zu erleiden. Ist das Fett flaumig gecuttert, kommt es aus dem Cutter heraus und wird für die spätere Verarbeitung zwischengelagert. Aus dem Magerfleisch wird mithilfe der Zusatzstoffe und des Eises ein gut bindiges Brät hergestellt. Ist dies geschehen, so wird das Fett mit dem Brät vermischt und zur Emulsion gebracht. Wegen des hohen Temperaturunterschiedes zwischen dem Fett und dem Magerfleisch wird diese Cuttermethode auch als Schockbrätmethode bezeichnet.

Überprüfen der Emulsion (Bindigkeit des Brätes)

Erlaubte Zusatzstoffe

Ascorbinsäure (Ascorbat)

Sie ist ein Umrötehilfsmittel und findet bei allen Wurstwaren mit einer stabilen Farbe Verwendung. Die Einsatzmenge ist 0,5 g/kg Masse, das sind 0,05 %. Die Ascorbinsäure wirkt im Fleisch sehr rasch und unterstützt die Umrötung verschiedener Fleischprodukte.

Wichtig:

Ascorbinsäurepräparate dürfen nie direkt mit Pökelsalz in Berührung kommen, da ansonsten eine chemische Reaktion vor sich geht, bei der der Pökelstoff aus dem Salz getrieben wird! → Pökelgeruch.

Geschmacksverstärker

Ist ein Zusatzstoff, der den vorhandenen Geschmack (auch den negativen) verstärkt. Er beruht auf einer Glutaminsäurebasis und wird aus tierischem bzw. pflanzlichem Eiweiß (Fisch, Sojabohne u. a.) gewonnen. Glutamat wird in nur geringen Mengen (0,2–0,5g/kg Masse) dem Produkt beigemischt.

Nitritpökelsalz

Kartoffelstärke

Über die Verwendungsmenge sowie über den Qualitätsgrad der Kartoffelstärke sind genaue Richtlinien im Codex festgelegt. Bei manchen Produkten kann die Kartoffelstärke auch durch Weizenmehl ersetzt werden.

Milcheiweiß (aufgeschlossen)

Die Verwendung von Milcheiweiß ist nur in der Konservenerzeugung erlaubt. Das sogenannte Natriumkaseinat erhöht den Eiweißanteil im Produkt. Es bewirkt eine stabile Emulsion von Fett und Eiweiß. Das ist speziell bei Konserven, weil diese hohen Kochtemperaturen ausgesetzt sind, notwendig, um einen Zerfall der Emulsion zu verhindern. Die Verwendung von Milcheiweiß muss jedoch deklariert werden.

Nitritpökelsalz und Salpeter

Salzen

Dabei verstehen wir die Verwendung von Kochsalz. Es wird keinerlei Umrötung beabsichtigt, z. B. bei Speck, Weißwürsten, Därmen. Im Wasser aufgelöstes Kochsalz wird auch als Sole bezeichnet.

Pökeln

Pökeln heißt, mit einer Salzung eine Stabilisierung der Fleischfarbe zu erreichen.

Zu diesem Zweck wird dem Salz entweder Nitrat oder Nitrit beigegeben. Das Nitrat bzw. Nitrit wird in ein Stickoxid abgebaut (NOX), das sich mit dem Muskelfarbstoff Myoglobin zu einem hitzestabilen Farbstoff verbindet.

Zur Stabilisierung der Fleischfarbe wird dem Salz Nitrit oder Nitrat zugegeben.

Nitrat-Salpeter (Kalisalpeter), KNO_3

Zu 1 kg Fleisch können ca. 0,3 g gegeben werden.

Die Mischmenge zu 1 kg Kochsalz beträgt bis 10 g.

Salpeter wird hauptsächlich zur Rohwarenerzeugung mit langer Reife- und Lagerzeit verwendet, weil auch nach erfolgter Umrötung immer noch Restmengen im Produkt für Farbstabilisierung sorgen.

Zudem kommt bei der Pökelung mit Salpeter die Pökelfarbe wesentlich besser zur Geltung.

Phosphate (Brätphosphat)

Für die Brätherstellung können sowohl Di-,Tri- bzw. Polyphosphate verwendet werden. Das Phosphat wird benötigt, um das Adenosindiphosphat (ADP) wieder zu einem Adenosintriphosphat (ATP) aufzubauen. Die Qualität des Phosphates ist durch den Codex geregelt. Die Aufwandmenge liegt bei 5 g/kg Brätmagerfleisch. Nicht für das sichtbare Einlagefleisch.

Eine zu hohe Dosierung im Produkt kann einen seifenartigen Geschmack hervorrufen.

Brätphosphat

Speisegelatine (Trockenaspik)

Sie wird aus kollagenreichem Material, z. B. tierischer Haut, Bindegewebe und Knochen, hergestellt und für Aspikwaren verwendet.

Zucker

Zucker wurde schon immer für Pökelerzeugnisse verwendet, früher Rohrzucker, heute auch Dextrose (Traubenzucker, Glucose). Der Zucker dient weniger der Süßung, sondern fördert die Aktivität der Reifungsbakterien. Zucker wird zu Säuren abgebaut, die das Pökelgut säuern. Bei zu hoher Einsatzmenge kann dies zu Fehlfabrikaten führen.

Emulgatoren

Werden ausschließlich in der Kochwurstproduktion verwendet. Derartige Emulgatoren sind Mono- und Diglyceride, die aus Speisefettsäuren hergestellt werden.

Sie bewirken eine homogene Vermischung zweier miteinander unlöslicher Stoffe (Fett und Wasser).

Wird auf Emulgatoren in der Kochwurstproduktion verzichtet, zerfällt die hergestellte Emulsion sehr rasch wieder in ihre Einzelbestandteile.

Die Verarbeitung diverser Emulgatoren ist unterschiedlich (siehe Beschreibung des Herstellers).

> Derartige Zusatz- und Hilfsstoffe sind sowohl bei Gewürzfirmen als auch im gut sortierten Fleischerfachgeschäft erhältlich.

Herstellung von Brühwürsten

Gut gereiftes Fleisch wird durch eine feine Scheibe gewolft.

Für die Herstellung wird gereiftes Fleisch durch eine feine Scheibe gewolft und mit dem Cutter unter Zugabe von Salz bzw. Pökelsalz, Phosphat und der ersten Hälfte des Eises zu einem feinem Brät gecuttert. Die Endtemperatur dieses Brätes sollte eine Temperatur von 4 °C nicht überschreiten.

Ist diese Temperatur im Cutter erreicht, kann mit der Zugabe der fetten Abschnitte begonnen werden. Achten Sie darauf, dass auch das Fett durch eine feine Scheibe gewolft wird, um eine schnellere Emulsion zu erreichen. Nach der Fettzugabe werden das restliche Eis und die vorbereiteten Gewürze der Masse beigegeben.

Um am Ende ein Produkt mit einem gleichmäßigen Anschnittbild zu erreichen, ist es von Vorteil, nun das anhaftende Magerfleisch vom Cutterdeckel zu entfernen und der bereits gecutterten Masse hinzuzufügen. Jetzt kann mit dem Fertigcuttern der Brühwurstmasse auf der schnellsten Stufe begonnen werden.

> Behalten Sie dabei stets die Temperaturanzeige bzw. die Blasenbildung des Brätes im Auge. Bei Erreichen der Endtemperatur von 12–14 °C bzw. einer starken Blasenbildung wird der Cutter ausgeschaltet.

Um die Lufteinschlüsse aus dem fertigen Brät herauszubekommen, kann die Masse bei einer niedrigen Cutterdrehzahl für kurze Zeit weiter gecuttert werden. Das nun fertige Brät wird – je nach Sorte – in unterschiedliche Wursthüllen gefüllt.

Feine Brühwurstarten mit unterschiedlichen Einlagengrößen

Brühwürsten können nach dem Fertigcuttern noch zusätzlich gewolftes Magerfleisch bzw. Speck oder andere Einlagen zugefügt werden, z. B. Paprikaflocken bei der Pikantwurst, Champignons und Magerfleisch bei der Champignonwurst, aber auch Pistazien bzw. Gemüsestücke usw.

Brühwürsten können nach dem Fertigcuttern noch Einlagen zugegeben werden.

Bei der Zugabe von Einlagefleisch bzw. anderen Einlagen ist immer der Salzgehalt zu berücksichtigen, um am Ende keine Produkte zu erhalten, die entweder zu fahl bzw. versalzen schmecken. Bei Einlagen mit einem hohen Wassergehalt (z. B. Champignons, Broccoli usw.) sollte das Material kurz vor der Untermischung mit kochend heißem Wasser abgespült werden. Durch das Abspülen der Einlage wird einerseits anhaftendes Fett abgewaschen bzw. die Gemüseoberfläche durch das verdunstende Wasser kurzfristig abgetrocknet.

Dies hat den Zweck, dass die Einlagestücke beim Aufschneiden der Brühwurst nicht aus der Wurst herausfallen, sondern gut vom Brät eingebunden werden.

Bei Trockeneinlagen kann ein solches Abspülen entfallen.

Das Einmischen von Einlagen kann mit der Hand, einer Knetmaschine bzw. im Cutter erfolgen.

Ein zu langes Mischen kann zu einerm Geleeabsatz führen.

Beim Mischen im Cutter ist dazu jedoch ein spezieller Mischgang erforderlich, der das Material in die Masse einmischt. Um die fertige Emulsion nicht überzubeanspruchen, sollte die Masse so kurz wie möglich gemischt werden. Ein zu langes Mischen erhöht zwar eine gleichmäßigere Verteilung der Einlage, schadet aber der Wasser-Eiweiß-Bindung und kann zu einem Geleeabsatz führen.

Derartige Geleeabsätze können aber auch durch zu heißes Brühen hervorgerufen werden.

Ist die Wurstmasse prall in die Wursthülle eingefüllt, kann mit dem Räuchern bzw. Brühen begonnen werden.

Herstellung von Fleischwürsten

Für die Herstellung einer Fleischwurst ist es üblich, ein sogenanntes Grundbrät vorzuerzeugen, in das das Magerfleisch und der Speck eingemischt werden. Für das Grundbrät kann Fleisch der Klasse I bis III verwendet werden. Codexrichtlinien hinsichtlich Magerfleischqualität bzw. Eismenge sind zu berücksichtigen.

Wie im Abschnitt „Brühwürste" bereits erwähnt wurde, kann anstatt von Grundbrät auch ein Aufschnittbrät verwendet werden.

Das Einlagefleisch sollte einen Tag vorher gewolft und vorgesalzen werden, damit es genug Zeit zum Umröten hat.

Bei den einzumischenden Einlagen ist es sinnvoll, diese einen Tag vor der Verarbeitung grob zu wolfen und vorzusalzen. Das Vorsalzen hat den Zweck, dass bei der Einmischung des Einlagefleisches bereits eine vollständige Umrötung stattgefunden hat.

Wird der Zeitraum zwischen dem Vorsalzen und Einmischen zu kurz gewählt, kann es vorkommen, dass sich graue Stellen im Einlagefleisch bilden und so die Haltbarkeit wesentlich beeinträchtigt wird.

Ist es nicht möglich, das Einlagefleisch vorzusalzen, können auch die fertigen Würste eine Zeit lang hängen gelassen werden. Der Zeitraum, während dem man die Würste hängen lässt, ist vom Durchmesser des Produkts bzw. von der Grobheit des Einlagefleisches abhängig. In der Regel genügt bei Würsten mit feiner Einlage eine

Wartezeit von 3–4 Stunden. Stangenwürste sollten hingegen die Nacht über in der Räucherkammer verbleiben. Ein zu langes Umröten in der Selchkammer kann unter Umständen auch negative Einflüsse auf das Produkt nehmen. So kann es passieren, dass es im Inneren der Wurst zu einer sauren Gärung kommt. Solche Fehler erkennt man am etwas säuerlichen Geschmack bzw. am Platzen der prall gefüllten Wurst. Solche Würste stellen ein absolutes Fehlprodukt dar.

Das Einlagefleisch sollte so schnell wie möglich eingemischt werden.

Einlagefleisch

Das Einlagefleisch kann auch in gefrorener Form eingemischt werden. Dazu wird das gefrorene, ungesalzene Fleisch in den Cutter gegeben und bis auf die gewünschte Größe geschnitten.

> Das sogenannte Einschneiden mit dem Cutter hat den großen Vorteil, dass das anschließende Mischen entfallen kann.

Wie auch bei der Brühwurst sollte das Einlagematerial so rasch wie möglich eingemischt werden, um jede unnötige Beanspruchung des Brätes zu verhindern.

Wenn das Einlagefleisch nicht vorgesalzen wird, können auch die fertigen Würste eine Zeit lang zum Reifen aufgehängt werden.

Herstellung von Rohwürsten

Rohwürste werden ausschließlich aus rohem Material hergestellt und durch Reifung und Trocknung bzw. Kalträuchern haltbar gemacht. Weiters kann bei den Rohwürsten zwischen Würsten mit und ohne Belag unterschieden werden. Der klassische Vertreter für Rohwürste ist die Salami.

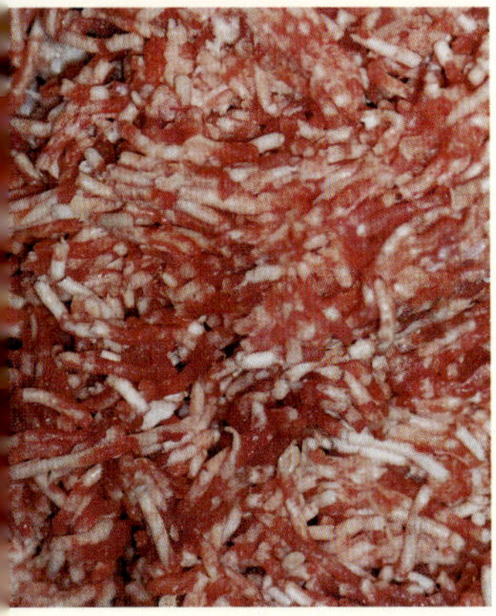

Fleisch mit grober (oben) und feiner (unten) Lochscheibe gewolft

Die Materialauswahl bei der Rohwurstproduktion ist am allersorgfältigsten vorzunehmen.

Am besten eignet sich Fleisch von Tieren mittleren Alters (junge Zuchttiere, Kühe und Zuchtschweine). Durch das Alter der Tiere werden sowohl eine kräftige Fleischfarbe als auch ein typisches Fleischaroma gewährleistet.

Zum Aroma: Je höher der Anteil an Schweinefleisch in der Rezeptur ist, desto intensiver ist das Fleischaroma im Endprodukt.

Der Speck, der zur Rohwurstherstellung verwendet wird, sollte wie das Magerfleisch möglichst frisch zur Verarbeitung gelangen. Beim Entschwarten ist darauf zu achten, dass der sogenannte Schwartenzug (Schicht zwischen Schwarte und Speck) nicht am Speck anhaftet. Bei unsachgemäßer Lagerung kann der Abbau von Fett durch fettspaltende Enzyme sehr rasch beginnen. Solche Abbauprozesse sind mit freiem Auge nur sehr schwer zu erkennen. Bei der nachfolgenden Reifung (20–24 °C) kann sich dadurch eine ranzige Geschmacksnote bilden.

Bei der Herstellung wird leicht abgehangenes Fleisch (2–3 Tage) sehnenfrei ausgeschnitten und zusammen mit dem Speck bei –4 °C bis –8 °C durchgefroren. Der pH-Wert des Materials sollte zwischen 5,4 und 5,8 liegen.

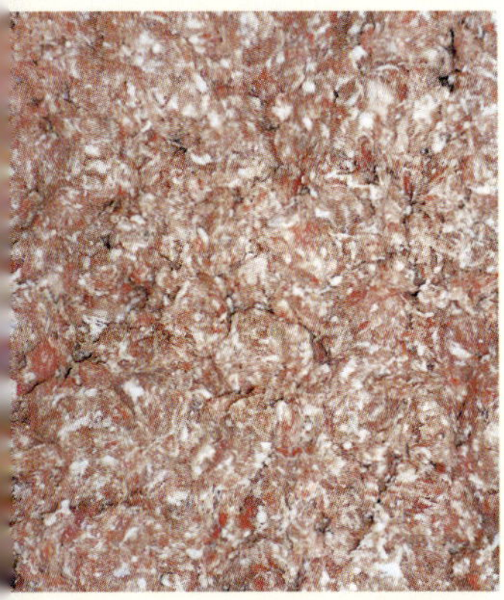

Rohwurstmasse vor der Füllung

Bei der Säuerung des Fleisches schrumpfen die Muskelzellen und die dazwischenliegenden Safträume erweitern sich. Dadurch wird eine gleichmäßige und vor allem schnellere Pökelung erreicht, die für die Haltbarkeit besonders wichtig ist. Gut gesäuertes Fleisch mit einem niedrigeren pH-Wert weist einen höheren Anteil an weniger gebundenem Wasser auf. Je höher der Anteil an freiem Wasser ist, desto schneller kann die Entfeuchtung vonstatten gehen.

Beim Absenken der Temperaturen um den Gefrierpunkt bilden sich im Fleischsaft der Muskelzellen große Eiskristalle, welche die Zellwände beschädigen und so eine schnellere Abtrocknung gewährleisten. Bei tiefen Temperaturen um –20 °C können sich im Inneren der Muskelzelle nur kleine Kristalle bilden, die nur wenige Zellen zerstören und so eine längere Trocknungsphase zur Folge haben.

Nach vollständigem Durchfrieren werden der Speck und das Magerfleisch auf die gewünschte Größe geschnitten. Das Schneiden kann sowohl mit dem Wolf als auch mit dem Cutter geschehen. Besonderes Augenmerk muss auf das Schneidwerkzeug gelegt werden. Nur Messer in optimalem Zustand ergeben letztendlich ein klares, gleichmäßiges und sauberes Schnittbild.

Beim Schneiden des Materials wird zuerst mit dem Speck begonnen. Je feiner der Speck geschnitten wird, umso magerer ist das Erscheinungsbild der Rohwurst. Erst nach 3–4 Runden im Cutter kommt das Magerfleisch hinzu und wird auf die gewünschte Größe geschnitten. Sämtliche Gewürze und das Salz (Pökelsalz oder Speisesalz mit Salpeter) werden erst bei den letzten 2–3 Runden zugefügt. Durch eine zu frühe Salzzugabe würden das gefrorene Magerfleisch und der Speck auftauen und kein exaktes Schnittbild mehr zulassen.

Da bei der Rohwurstherstellung keinerlei Hitzeeinwirkung auf das Produkt stattfindet, müssen die dafür verwendeten Gewürze unbedingt keimfrei sein! Dies kann man mit sogenannten Trockengewürzmischungen von diversen Gewürzfirmen erreichen. Bei Verwendung von frischen Gewürzen, z. B. Pfefferkörner usw., kann es zu einer Verpilzung der Wurst kommen.

Füllen von Rohwürsten

Die Verarbeitungstemperatur beim Füllen der Masse sollte so tief wie möglich liegen (0–2 °C). Bei einer zu hohen Fülltemperatur kann es am Randbereich der Wurst zum Schmieren des Speckes kommen, welcher einen Film direkt unter der Wursthülle zieht. Diese Fettschicht unterbindet bzw. verzögert bei der Abtrocknung die Wasserabgabe. Dadurch kann es zu einer sogenannten Trockenrandbildung kommen, wobei der Kern nur sehr schlecht abtrocknen kann und somit weich bleibt. Zudem bilden sich beim Trocknen feine Fetttröpfchen an der Wurstoberfläche, die die Belagsbildung mit Edelschimmel unterbinden.

Bei zu hoher Fülltemperatur kann es zur Bildung eines Fettfilmes direkt unter der Wursthülle kommen.

Beim Füllen muss auch auf eine blasenfreie und pralle Befüllung geachtet werden. Sollten dennoch Lufteinschlüsse auftreten, so können diese mittels Stippen (Stupfen) beseitigt werden. Das Stupfen wird mit einer kleinen Nadel durchgeführt. Durch das Anstechen der Wursthülle kann die Luft entweichen. Als Wursthüllen eignen sich alle Naturdärme bzw. eigens hergestellte Rohwurstdärme. Sterildärme (Extrawurstdarm usw.) eignen sich nicht für die Rohwurst.

Reifen von Rohwürsten

Bei der Reife verfestigt sich der Fleischsaft durch Enzymtätigkeit.

Um bei der Rohwurst ein festes Schnittbild zu erlangen, müssen die Würste einer Fermentation unterworfen werden. Dabei verfestigt sich der Fleischsaft durch die Enzymtätigkeit und verbindet dadurch die einzelnen Fleischteilchen in der Wursthülle. Um eine sichere Reifung bzw. Fermentation gewährleisten zu können, sollte die Temperatur im Bereich von 16–24 °C liegen. Zusätzlich können bei der Verarbeitung den Gewürzen noch Starterkulturen beigemengt werden, die eine sicherere Reifung garantieren.

Die Reifung kann in eigens dafür vorgesehenen Klimaräumen vonstatten gehen. Die Luftfeuchtigkeit sollte anfangs bei 95 % rel. LF liegen und Schritt für Schritt auf 75–80 % abgesenkt werden. Der Zeitraum dafür beträgt für Würste mit Belag in etwa 4–6 Wochen. Würste ohne Belag können aber auch in einer 7 %igen Lake gereift werden.

Beispiel eines Reifungsschemas für Rohwürste ohne Belag

Zeit	Temperatur	relative Luftfeuchtigkeit
6 Std. vorwärmen	ca. 15–18 °C	
48 Std. reifen	28 °C	ca. 90 %
24 Std. kalträuchern	< 22 °C	ca. 85 %
nach der gewünschten Räucherfarbe absenken auf	14–16 °C	ca. 85 %

Nach Beendigung der Reifung kann sofort mit dem Räuchern begonnen werden.

Nach Erreichen des gesetzlich vorgeschriebenen Abtrocknungsgrades ist das Produkt für den Verkehr geeignet.

Räuchern

Die Rauchtemperatur bei Rohwaren darf bei maximal 22 °C liegen (Kaltrauch). Für eine angenehme Rauchnote ist es günstig, das Räu-

Umröten von Haussalami

chern in mehreren Intervallen durchzuführen. Durch die Frischluftzufuhr wird vermieden, dass sich ein abgestandener Rauchgeschmack bildet. Nach Erreichen der gewünschten Rauchfarbe werden die Würste getrocknet.

Durch Räuchern in Intervallen erhält man eine angenehme Rauchnote.

Herstellung von Kochwürsten

Kochwürste werden zur Gänze oder zum Teil aus gekochtem Material hergestellt.

Unter den Begriff „Kochwurst" fallen vielerlei Sorten an Würsten, die sich auf den ersten Blick in keiner Art und Weise ähnlich sehen, wie z. B. Blutwurst, Pate Paris oder Haussulz.

Die Kochwürste können noch unterteilt werden in Streichwürste, Pasteten und Sülzen.

Für die Herstellung jeder Kochwurst müssen Fleischabschnitte gekocht werden, die mit einem Eiweißträger (roher Zustand) vermischt werden und im Brühkessel letztendlich ihre endgültige Konsistenz erlangen.

Der rohe Eiweißträger, dessen Eiweiß erst beim Brühen gerinnt, ist bei der Streichwurst die Leber. Bei den Pasteten ein Aufschnittbrät und bei den Sülzen die Gelatine.

Leber von sämtlichen Gallengängen befreit ...

... wird so lange gewolft ...

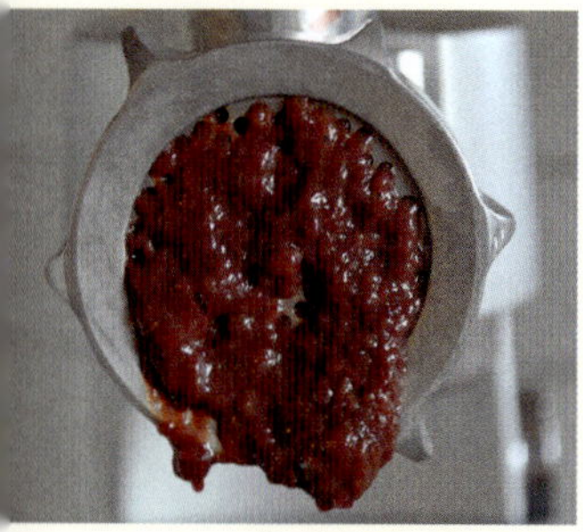

... bis sich die ersten Bläschen bilden (= Freilegen des Lebereiweißes).

Streichwürste

Bei den Streichwürsten wird zuerst die Leber von sämtlichen Gallengängen befreit. Je genauer hier gearbeitet wird, desto milder schmeckt die Streichwurst. Schon geringste Mengen an Gallenflüssigkeit können eine Streichwurst massivst im Geschmack beeinträchtigen. Dies zeigt sich durch einen bitteren Geschmack auf der Zunge.

Die zugeputzte Leber wird so lange im Cutter feinst zerkleinert, bis sich die ersten Bläschen zu bilden beginnen. Ist dies der Fall, kann mit der Pökelsalzzugabe begonnen werden. Die gecutterte Leber geht von einem dünnflüssigen in einen zähen, gallertartigen Zustand über. Hierfür kann die gesamte, für das Endprodukt vorgesehene Salzmenge der Leber zugegeben werden.

Während die gecutterte Leber im Kühlraum kalt gestellt wird, kann mit dem Kochen des Fleisches und den fetten Abschnitten begonnen werden. Kochen Sie die Abschnitte nur so lange, bis man sie mit den Fingern leicht durchdrücken kann. Ein zu langes Kochen wirkt sich nachteilig auf die Festigkeit der fertigen Streichwurst aus.

Um das gekochte Fett mit dem gekochten Magerfleisch homogen vermischen zu können, wird ein sogenannter Emulgator verwendet, der das Fett in feinste Tröpfchen zerlegt.

Das Mischen erfolgt im Cutter bei einer Temperatur von ca. 50 °C. Je höher die Fetttemperatur ist, desto leichter lässt sich das Fett mit dem gekochten Magerfleisch homogen vermengen. Ist die Masse feinst zerkleinert, werden die Gewürze hinzugegeben und untergemischt. Bevor zuletzt die gecutterte Leber eingemischt wird, kann man am Deckel anhaftende Teile in die Schüssel zurückputzen.

> Mischen Sie Leber mit der warmen Fett-Fleisch-Masse und cuttern Sie diese bis zu einer homogenen Masse. Je schneller Sie diese homogene Masse erreichen, umso hitzestabiler wird das Endprodukt. Bei zu langem Mischen im Cutter wird das Eiweißgerüst der Leber wieder zerstört und es kann beim Brühen der Streichwurst zum Gelee- bzw. Fettabsatz kommen.

Gefüllt werden können Streichwurstmassen sowohl in normale Wursthüllen als auch in Keramiktöpfe, Gläser, Dosen usw. und werden anschließend im Wasser bzw. Wasserbad bis auf eine Kerntemperatur von 72 °C gebrüht.

Vor allem bei Kochwürsten mit einem hohen Leberanteil ist es besonders wichtig, die vorgeschriebene Kerntemperatur zu erreichen.

Da in der Leber selbst sehr viele Zuckerstoffe enthalten sind, kann es bei unzureichender Erhitzung zu einem Gärprozess kommen, der im Glas unter Umständen später nur mehr vom Konsumenten festgestellt werden kann.

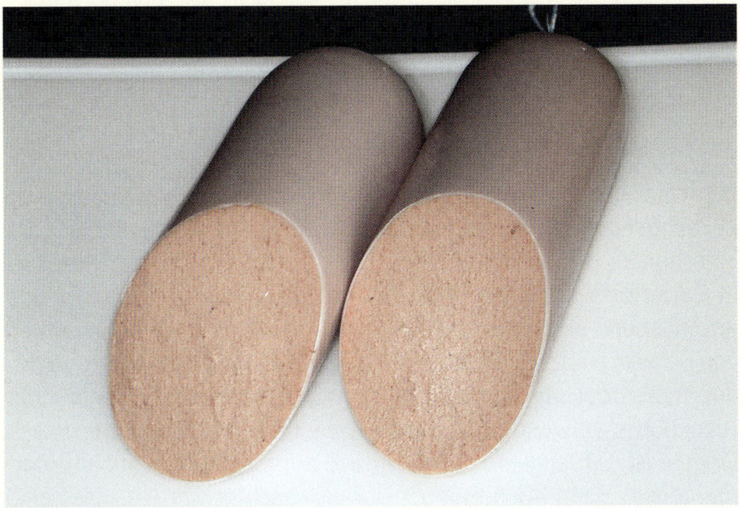

Feine Leberstreichwurst

Pasteten

Im Gegensatz zu den Streichwürsten wird bei den Pasteten anstelle der Leber ein Aufschnittbrät verwendet. Als gekochte Fleischeinlage können würfelig geschnittenes Fleisch oder ganze gepökelte Schweinezungen verwendet werden. Bei Fleischeinlagen, die beim Anschnitt sichtbar sind, empfiehlt es sich, diese vor dem Kochen zu pökeln. Als Einlagen können aber auch Pilze, Gemüsestücke uvm. zum Einsatz kommen. Meist werden Pasteten in sogenannte Kastenformen eingeformt und anschließend im Wasserbad gebrüht. Da das Volumen der Pasteten beim Brühen um ca. 20 % zunimmt, werden die meisten Formen mit einem Deckel verschlossen oder beschwert. Dadurch wird verhindert, dass die Pastete zuviel an Fremdwasser aufnimmt. Im geschlossenen Zustand wird die Form später kaltgestellt.

Fleischeinlagen, die beim Anschnitt sichtbar sind, sollten vor dem Kochen gepökelt werden.

Pastetenformen können auch mit einem Teig ausgelegt und im Backrohr gebacken werden. Bei der Herstellung von Pasteten sind der eigenen Fantasie und dem Ideenreichtum keine Grenzen gesetzt.

Sülzen

In der Regel werden bei Sülzen vorgepökelte Schweins- und Kalbsköpfe sowie Schwarten verwendet. Gepökelte Schweinsstelzen erhöhen den Magerfleischanteil in der Sülze und werten diese zusätzlich noch auf. Die Materialien werden nur so lange gekocht, bis sie sich vom Knochen ablösen lassen. Das abgelöste Fleisch und die Schwarten werden in mehr oder weniger große Würfel geschnitten.

Um später eine klare Gelee- bzw. Aspikschicht zwischen den einzelnen Würfeln zu erhalten, müssen die geschnittenen Würfel mit kochend heißem Wasser übergossen werden, um anhaftendes Fett abzuschwemmen.

Der Zusatz von Aspik erhöht die Schnittfestigkeit von Sülzen.

Zusätzlich können den Sülzen noch Gemüsestücke bzw. Kräuter sowie gekochte Eier beigemengt werden. Um die Schnittfestigkeit der Sülze zu erhöhen, wird in dem meisten Fällen Aspik zugesetzt. Dieses ist in Pulverform erhältlich und wird in kaltem Wasser aufgelöst und anschließend erwärmt. Aspik kann aber auch durch das Auskochen von Schwarten bzw. Schweinefüßen gewonnen werden. Aufgrund des enormen Arbeitsaufwandes wird heutzutage ausschließlich nur mehr Aspikpulver verwendet, zumal auch die Haltbarkeit eine wesentlich längere ist. Sülzen werden heutzutage nur mehr selten in Naturdärme gefüllt. Beim Kochen muss darauf geachtet werden, dass eine zu lange Kochdauer vermieden wird, da die Wurst ansonst aufgrund mangelnder Gelierung wieder zerfällt.

Wie bei den Pasteten sind auch bei den Zutaten für die Sülzen der Fantasie keine Grenzen gesetzt. Zudem können sie je nach Zusammensetzung sehr fettarm sein. In Wurstvitrinen bzw. auf kalten Platten stellen Sülzen immer eine Bereicherung dar.

Blutwürste

Blutaufschnittwürste sind für den kalten Verzehr bestimmt. Die bekanntesten Vertreter sind die Berliner Zungenwurst, die Thüringer Rotwurst und die Bratblutwurst.

Die Grundmasse von Blutwürsten besteht aus Blut und Schwarten.

Die Würste als solche bestehen aus einer Grundmasse (bestehend aus Blut und Schwarten), in die dann als Einlage ganze, gepökelte, gekochte Zungenwürfel bzw. abgebrühter Speck oder gebrühte Leber gegeben werden. Bei Blutaufschnittwürsten kann man die Würzung sehr kräftig ansetzen.

Um bei Blutaufschnittwürsten eine schöne rote Farbe zu erhalten, ist es wichtig, dass nur gepökeltes bzw. ganz frisches Blut zur Verarbeitung gelangt, da die Blutfarbe ansonsten beim Brühen stark ins Bräunliche übergeht.

Werden als Einlage auch Speckwürfel verwendet, müssen diese vor der Verarbeitung unbedingt abgebrüht werden. Dadurch kann der Speck kein Blut aufnehmen und bleibt daher im Anschnitt schön weiß.

Nach dem Füllen sollen alle Blutwürste so rasch wie möglich in den Kessel bzw. Kochschrank kommen. Aufgrund des relativ hohen Blutanteils soll die Kerntemperatur bei 73–75 °C liegen.

Cuttern mit dem Fleischwolf ohne Schneidsatz

Herstellen von Würsten ohne Cutter

Grundsätzlich können Würste auch ohne Cutter hergestellt werden. Die Bindigkeit eines Brätes hängt immer von der freigesetzten Menge an Muskeleiweiß ab. Je mehr Muskeleiweiß aus der Zelle herausgebracht wird, desto besser wird die Bindung im fertigen Produkt sein.

Um auch ohne Cutter zu einer guten Brätbindung zu gelangen, muss das vorher gewolfte Magerfleisch in Verbindung mit dem Pökelsalz und dem Brätphosphat mehrere Male über den Fleischwolf gelassen werden. Dies geschieht, indem man **vom Wolf den gesamten Schneidsatz entfernt und nur die Förderschnecke belässt.**

Je öfter das Magerfleisch über die Schnecke gelassen wird, desto leimiger wird die Konsistenz des Magerfleisches.

Je feiner das Magerfleisch ist, umso geringer ist auch die knetende Wirkung der Förderschnecke des Wolfes.

Würste mit einem homogenen Schnittbild sind nur mit einem Wolf sehr schwer herzustellen.

Ist jedoch eine Küchenmaschine mit einem Schneidaufsatz vorhanden, kann diese anstatt des Cutters für die Brätherstellung herangezogen werden. Achten Sie darauf, dass die Leistung derartiger Maschinen nicht überschätzt wird und es zum Überhitzen des Elektromotors kommen kann.

Zum Füllen von Wursthüllen kann bei dünner flüssigen Massen auch ein normaler Trichter verwendet werden. Für anspruchsvollere Hobbyfleischer gibt es auch kleine Tischmodelle, die mittels Kurbel betrieben werden können.

Für das Brühen von Würsten reicht ein großer Kochtopf völlig aus. Würste, die gegart werden müssen, können im E-Herd gebraten werden. Öfen mit Umluftzirkulation verkürzen die Gardauer wesentlich.

Auch zum Mischen (oben) und Wurstfüllen (unten) kann man Küchenmaschinen mit entsprechendem Aufsatz verwenden.

Beim Reifen von Rohwürsten spielt sowohl die Raumtemperatur als auch die Luftfeuchtigkeit eine sehr große Rolle. Früher machte man sich das Wetter zunutze und produzierte diverse Rohwürste nur zu bestimmten Zeiten im Jahr. Dies geschah zu einer warmen Jahreszeit, bei der die Luftfeuchtigkeit für einige Tage hoch war.

Hinweis:

Grundsätzlich kann man jede Art von Fleischwaren, ob Knacker bis hin zur Salami, auch im kleinen Stil zu Hause fertigen. Auch das Austauschen des Magerfleisches (Schweine-, Ziegen-, Schaffleisch, Wild, Fisch, Geflügel usw.) ist jederzeit möglich und bringt immer eine willkommene Abwechslung beim Fleischkonsum.

Rezepte

Koch- und Bratwürste

Pariser

Grundrezept für 10 kg

5 kg Rindfleisch I
3 kg Eis
2 kg Fettes
2 g Umrötehilfsmittel

Gewürze für 1 kg Masse

20 g Nitritpökelsalz
5 g Cutterhilfsmittel (Phosphat)
5 g Gewürzmischung „Pariser“

Herstellung

Das feingewolfte Magerfleisch wird mit dem Phosphat und dem Pökelsalz angecuttert. Nach den ersten Runden beginnt das Eiweiß in den Muskelzellen zu quellen und ist bereit, Fremdwasser aufzunehmen. Dies zeigt sich durch starkes Anhaften von Magerfleisch an der Cutterschüssel. Jetzt kann mit der Eiszugabe begonnen werden. In der Regel wird die Eismenge auf zwei Gaben aufgeteilt. Das Rindfleisch wird dann mit dem schnellsten Gang gut bindig gecuttert. Dieser Vorgang dauert je nach Geschwindigkeit der Maschine 3–5 Minuten. Bilden sich die ersten großen Luftblasen bzw. ist die Brättemperatur bei ca. 4 °C angelangt, werden das Fett, die Gewürze und das restliche Eis in den Cutter gegeben. Wurden nach der zweiten Eiszugabe sämtliche anhaftenden Fleischreste vom Cutterdeckel wieder in die Masse geputzt, kann das Brät bis auf eine Endtemperatur von 12–14 °C fertiggecuttert werden.

Gefüllt werden kann die Pariser in **Top-Därme** bzw. in **Bimmerlinge.** In Bimmerlinge gefüllte Pariser werden zuvor heißgeräuchert und anschließend im Wasserbad auf eine Kerntemperatur von 72 °C durchgebrüht.

Münchner Weisswurst

Grundrezept für 10 kg Masse
4,50 kg Schweinefleisch I
2,75 kg Eis
2,75 kg Fettes

Gewürze für 1 kg Masse
18 g Speisesalz
5 g Gewürzmischung „Münchner Weißwurst“
getrocknete Petersilie nach Bedarf

Herstellung

Der Herstellungsprozess bei den diversen Brühwurstsorten ist immer derselbe. Bei den Münchner Weißwürsten wird anstatt des Pökelsalzes normales Speisesalz verwendet. Würste, die beim Brühen die natürliche Fleischfarbe verlieren sollen, dürfen nur mit Speisesalz gewürzt werden. Günstig ist es, solche Sorten am Beginn eines Produktionstages herzustellen, da eine Reinigung des Cutters zwischen zwei verschiedenen Produkten entfallen kann. Selbst geringste Spuren von Nitritpökelsalz können leicht rosa Verfärbungen beim Endprodukt hervorrufen.

Würste, die die natürliche Fleischfarbe verlieren sollen, dürfen nur mit Speisesalz gewürzt werden.

Der Einsatz von Petersilie kann sowohl frisch als auch in getrockneter Form erfolgen. Bei frischer Petersilie ist darauf zu achten, dass nur die Blätter verarbeitet werden dürfen und diese im Cutter ordentlich zerkleinert werden müssen. Getrocknete Petersilie hingegen braucht nur unter das Brät gemischt zu werden, was das Brät weniger beansprucht. Von der getrockneten Form kann man der Masse von 10 kg rund zwei Hände voll beigeben.

Münchner Weißwürste werden klassisch in **Schweinsdärme** mit dem Kaliber 30/32 gefüllt und bis zu einer Kerntemperatur von 72 °C durchgebrüht. Nach Erreichen der Kerntemperatur müssen die Würste sofort mit kaltem Wasser abgekühlt werden. Achten Sie darauf, dass sich sämtliche Würste unter der Wasseroberfläche befinden. Würste, die obenauf schwimmen, verfärben sich ins Gelbliche und werden vom Konsumenten nicht gerne gesehen.

Leberkäse, in Formen gebacken

Grundrezept für 10 kg Masse

2,9 kg Schweinefleisch II
2,9 kg Rindfleisch II
3 kg Eis
1,2 kg Speck

Gewürze für 1 kg Masse

20 g Pökelsalz
5 g Cutterhilfsmittel (Phosphat)
2 g Pfeffer
0,5 g Muskat
0,3 g Koriander
0,5 g Paprikapulver
0,2 g Ingwer
2 g Umrötehilfsmittel
20 g Kartoffelstärke

Herstellung der Masse siehe „Pariser“ (Seite 61)

Weitere Vorgehensweise

Der fertig gecutterte Leberkäse wird in Formen eingeschlagen, die mit Folien ausgekleidet sind bzw. auch mit Schweineschmalz oder Bratenfett ausgestrichen wurden. Mit Fett ausgestrichene Formen geben dem Leberkäse beim Backen eine zusätzliche aromatische Bratennote. Beim Einformen sollte, wenn möglich, darauf geachtet werden, dass die Masse im Ganzen in die Form eingeschlagen wird. Wird eine Form in zwei Etappen aufgefüllt, kann es passieren, dass sich beim Backen der obere Teil vom unteren abhebt und so Risse entstehen. Im ersten Drittel der Backphase, wenn sich eine Haut gebildet hat, können noch verschiedene Muster in die Oberfläche eingeschnitten werden. Beim Backen sollte die Temperatur des Ofens nicht zu heiß gewählt werden, da sich der Leberkäse aus der Form heben könnte. Bei Öfen mit Strahlungswärme (ohne Ventilator) beträgt die Temperatur ca. 120–130 °C. In Heißluftöfen sollte eine Kammertemperatur von etwa 100 °C angestrebt werden. Der fertig gebackene Leberkäse sollte nach dem Backen nicht direkt in den Kühlschrank gegeben, sondern eine gewisse Zeit bei Raumtemperatur stehen gelassen werden.

Die Masse sollte in einem Zug in die Form eingeschlagen werden.

Frankfurter

Grundrezept für 10 kg
2 kg Rindfleisch I
2 kg Schweinefleisch I
3 kg Eis
3 kg Goderfleisch vom Schwein

Gewürze für 1 kg
20 g Pökelsalz
5 g Phosphat
5 g Gewürzmischung „Frankfurter"
2 g Umrötehilfsmittel
10 g Stärke

Herstellung der Masse siehe „Pariser" (siehe S. 61)

Weitere Vorgehensweise

Der Darm sollte in einem Stück durchgefüllt werden.

Bei Frankfurtern sollte die ganze Aufmerksamkeit dem Füllen gewidmet werden. Hier ist es besonders wichtig, die ordnungsgemäß gewässerten Wursthüllen prall und ohne Lufteinschlüsse zu befüllen. Gefüllt wird in Schafsaitlinge mit dem Kaliber 21/23 oder 22/24. Diese Schafsaitlinge sollten ca. eine Std. zuvor in warmem Wasser gewässert werden. Durch das Wässern werden sie geschmeidiger und lassen sich schön prall füllen. Bei zu kurzen Wässerungsphasen kann der Darm des Öfteren platzen, was die Fülldauer wesentlich verlängert. Grundsätzlich sollte der Darm in einem Stück durchgefüllt werden. Dadurch hat die Hülle vor dem Portionieren noch etwas Zeit, sich etwas auszudehnen. Durch das anschließende Abdrehen wird der Druck in der Hülle ein weiteres Mal erhöht, was für die Prallheit positiv ist. Portioniert wird zu Paaren mit einem Gewicht von ca. 150 g. Je nach Kaliber ergeben sich Würstchen mit einer Länge von 15–17 Zentimeter.

Sind die Würstchen auf den Selchstangen aufgehängt, werden sie bei ca. 60 °C warmer Luft außen abgetrocknet. Nach der Trocknungsphase sollte sich die Oberfläche der Würste wie die eines Seidenstrumpfes anfühlen. Bei Würsten, die vor der Räucherung noch zu feucht oder gar nass waren, können sogenannte Rauchflecken auftreten. Solche Flecken entstehen, wenn sich der Rauch auf einem Flüssigkeitstropfen ansammelt und dieser durch seine zunehmende Masse abrutscht. Ist der Punkt erreicht, wo sich die Oberfläche samtig anfühlt, wird unverzüglich mit dem Heißräuchern begonnen.

Die dafür verwendeten Buchenspäne dürfen während des Räuchervorgangs nur glimmen und keinesfalls zu brennen beginnen.

Die Räucherdauer ist abhängig von der Rauchzirkulation in der Kammer bzw. der gewünschten Rauchfarbe. Frankfurter sollten nach dem Räuchern eine schöne goldbraune Farbe haben. Dies wird in der Regel nach einer Räucherdauer von ca. 30–40 Min. erreicht.

Nach dem Räuchern sollten die Würstchen nicht gleich im heißen Wasser fertig gebrüht werden, da die Gefahr besteht, dass die Rauchfarbe zum Teil wieder abgewaschen wird. Ein leichtes Trocknen bei ebenfalls 60 °C kann dem entgegenwirken. Fällt die zweite Trocknungsphase jedoch zu lange aus, kann sich bei den Frankfurtern eine sogenannte „Haut" bilden, die sich beim Verzehr als unangenehm erweist.

Ein leichtes Trocknen vor dem Fertigbrühen erhält die leichte Rauchfarbe.

Gebrüht wird bei einer Wassertemperatur von 78 °C bis zur Kerntemperatur von 72 °C.

Beim Abkühlen der Frankfurter sollte dies in Intervallen geschehen. Ein zu starkes Kühlen in der Anfangsphase bewirkt ein zu starkes Schrumpfen der Würstchen, wodurch sich eine mehr oder weniger starke Faltenbildung einstellt. Das gleiche geschieht auch, wenn die Kühlung zu früh beendet wird.

Dieses Produktionsschema gilt für alle Brühwurstsorten, die in einen Naturdarm gefüllt werden!

Die einzelnen Sorten unterscheiden sich lediglich durch ihre Zusammensetzung bzw. die Feinheit des Brätes.

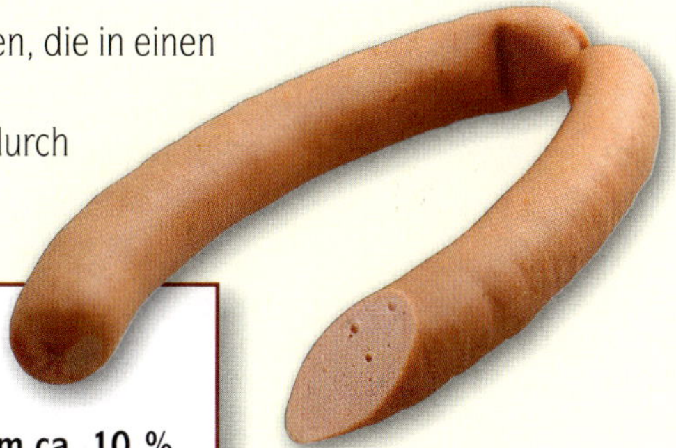

Wichtig:

Bei Produkten, die in sogenannte Topdärme gefüllt werden, ist die Einsatzmenge des Eises um ca. 10 % der Gesamteismenge herunterzusetzen, da beim Brühen keinerlei Wasserverlust zu verzeichnen ist und sonst eine Übertretung der Kodexrichtlinien eintreten kann!

Salzburger (Knacker)

Grundrezept für 10 kg Masse

4,4 kg Rindfleisch II
3 kg Eis
2,6 kg Goderfleisch

Gewürze für 1 kg Masse

20 g Pökelsalz
5 g Phosphat
5 g Gewürzmischung „Schübling", Knacker, Salzburger
2 g Umrötehilfsmittel
10 g Stärke

Wursthüllen: Rindsdarm, Kal. 40/43 oder 43 +

Augsburger „leicht“

Grundrezept für 10 kg Masse	*Gewürze für 1 kg Masse*
5,8 kg Schweinefleisch II	**19 g Speisesalz**
3,1 kg Eis	**5 g Phosphat**
1,1 kg Speck	**5 g Gewürzmischung „Augsburger“**

Wursthüllen: Rindsdarm, Kal. 40/43

Burenwurst

Grundrezept für 10 kg Masse	*Gewürze für 1 kg Masse*
3,7 kg Rindfleisch II und III	**20 g Pökelsalz**
1,8 kg Eis	**5 g Phosphat**
4,5 kg Goderfleisch	**2 g Umrötehilfsmittel**
	4 g Knoblauchgranulat
	30 g Stärke

Herstellung

Aus Rindfleisch II und III bzw. dem Eis ein gut bindiges Brät herstellen. Das Goderfleisch durch die 3-Millimeter-Scheibe wolfen und mit dem Brät gut durchcuttern.

Das fertige Brät in Schweinssaitlinge, Kal. 30/32, füllen und wie beschrieben heißräuchern.

Die Farbe der Burenwürste kann mittels flüssigem Paprikaextrakt noch zusätzlich verstärkt werden.

Durch die Zugabe von Paprikapulver kann es zu einem leicht bitteren Geschmack kommen.

Mortadella

Grundrezept für 10 kg Masse

4 kg Schweinefleisch ohne Sehnen
2 kg Schweinebauch ohne Schwarte
1 kg Goderfleisch
1 kg Rückenspeck ohne Schwarte
2 kg Eis

Gewürze für 1kg Masse

19 g Nitritpökelsalz
5 g Brätphosphat/kg Magerfleisch
1g Ascorbinsäure
2 g Pfeffer, weiß, gemahlen
0,5 g Mazis
0,5 g Koriander
0,5 g Ingwer
0,2 g Kardamom
0,2 g Paprikapulver, edelsüß
10 g Pistazien, geschält

Herstellung

Aus den oben angeführten Zutaten ein feines Brät herstellen. Die Pistazien klein hacken und unter das Brät mischen. Bei einer Temperatur von 80 °C ca. 90 Minuten lang brühen.

Wursthüllen: Kunstdarm, Kal. 90/50

Lyoner

Grundrezept für 10 kg Masse

5 kg Schweinefleisch mager
1,5 kg Goderfleisch
1,5 kg Rückenspeck ohne Schwarte
2 kg Eis

Gewürze für 1kg Masse

19 g Nitritpökelsalz
5 g Brätphosphat/kg Magerfleisch
3 g Pfeffer, weiß, gemahlen
1 g Muskat
0,5 g Kardamom

Herstellung

Aus Schweinefleisch und Eis ein feines Brät herstellen. Restliche Zutaten auf 4–5 Millimeter wolfen und untermischen. Bei 80 °C bis auf 72 °C Kerntemperatur brühen.

Wursthüllen: Kunstdärme in brauner Farbe, Kal. 60/50

Lyoner mit grünem Pfeffer

Grundrezept siehe „Lyoner"

Zusätzlich werden noch 15 g grüne Pfefferkörner unter die Masse gemischt.

Lyoner mit Pistazien

Grundrezept siehe „Lyoner"

Anstatt der grünen Pfefferkörner können auch 5 g enthäutete Pistazien verwendet werden.

Lyoner zum Grillen

Grundrezept siehe „Lyoner" mit Pistazien

Herstellung

Die Masse wird nicht in Kunstdärme, sondern in Faserdärme (Kal. 60/50) gefüllt und bei 80 °C im Heißluftofen gebraten!

Gelbwurst

Zutaten wie bei Lyoner

Gewürze für 1 kg Masse

20 g Kochsalz
2g Pfeffer weiß gemahlen
2 g Mazis
1 g Ingwer
0,25 g Kardamom
10 g frische Zwiebeln, geschält

Herstellung

Das fertige Brät wird in **gelbe Kunstdärme** gefüllt und bei 78 °C Wassertemperatur bis zu einer Kerntemperatur von 72 °C gebrüht.

Bierschinken

40 % Lyonerbrät mit Pökelsalz
60 % Schweinefleisch der Klasse 1

Gewürze für das Schweinefleisch

20 g Nitritpökelsalz
1 g frischer Knoblauch, gepresst
1 g Mazis

Herstellung

Das Schweinefleisch wird in 2 x 2 Zentimeter große Würfel geschnitten und mit den Gewürzen gut vermischt.

Das Mischen kann per Hand oder mit einer Rührmaschine erfolgen, die mit einem Knetarm ausgestattet ist. Ein Rührbesen ist dafür nicht geeignet.

Die Würfel werden solange gemischt bzw. geknetet, bis sie an der Oberfläche schön leimig werden und zu kleben beginnen. Um eine saubere Umrötung zu erreichen, pressen Sie das geknetete Schweinefleisch in eine Schüssel, um möglichst wenig Lufteinschlüsse zu erhalten. Lufteinschlüsse lassen Graustellen in der fertigen Wurst entstehen.

Die Fleischwürfel so lange kneten, bis sie zu kleben beginnen.

Für das Umröten der Fleischwürfel muss min. ein Tag bei Kühlschranktemperatur eingeplant werden.

Vor dem Einmischen werden die Würfel nochmals gut durchgemischt und mit dem Lyonerbrät nach und nach vermischt.

Gefüllt wird der Bierschinken in **braune Sterildärme** und bei 75 °C Wassertemperatur auf Kerntemperatur gebrüht.

Tipp:

Die gleiche Masse kann auch in einen Faserdarm gefüllt werden, der anschließend bei 80 °C gegart wird. Durch das Garen wird daraus eine Dauerwurst, die sich auch im Geschmack von der Brühwurst unterscheidet.

Weisse im Ring

Grundrezept für 10 kg Masse
2 kg Schweinefleisch mit geringem Sehnenanteil
6 kg Schweinebauch ohne Schwarte
2 kg Eis

Gewürze für 1 kg Masse
20 g Kochsalz
5 g Brätphosphat/kg Magerfleisch
2 g Pfeffer
1g Mazis
1 g Ingwer
0,3 g Kardamom
1 g Zitronenpulver

Herstellung siehe „Münchner“ (Seite 62)
Wursthüllen: Rinderkranzdärme, Kal. 43/46, Garzeit: 30 Minuten bei 70 °C

Tiroler

Grundrezept für 10 kg Masse
3 kg Rinderbrät-Grundmasse bestehend aus:
75 % Rindfleisch, mager
25 % Eis
20 g Pökelsalz/kg Brätmasse
7 kg Schweinefleisch, fett- und sehnenfrei

Gewürze für 1 kg Masse
18 g Nitritpökelsalz/kg Schweinefleisch
1 g Pfeffer, weiß, gemahlen
1,5 g Pfefferkörner, ganz
2 g Senfkörner
1 g Farbstabilisator

Herstellung siehe „Göttinger“ (Seite 73)
Wursthüllen: Sterildärme, schwarz, Kal. 75/50, Brühdauer: 150 Minuten bei 80 °C

Knoblinchen

Grundrezept für 10 kg Masse
siehe „Fleischwurst“ (Seite 84)

Gewürze für 1 kg Masse
siehe „Fleischwurst“ zusätzlich 3 g Knoblauchmasse

Herstellung siehe „Knacker“ (Seite 65)
Wursthüllen: Saitlinge, Kal. 22/24, zu 30 g portioniert

Cocktailwürstchen

Grundrezept für 10 kg Masse

4,5 kg Schweinefleisch mit geringem Sehnenanteil
0,5 kg Backen ohne Schwarte
2,5 kg Speckabschnitte ohne Schwarte
0,5 kg Schwarten
2 kg Eisschnee

Gewürze für 1 kg Masse

18 g Nitritpökelsalz
2 g Pfeffer, weiß, gemahlen
0,5 g Mazis
0,5 g Koriander
0,3 g Ingwer
2 g Paprika
5 g Brätphosphat/kg Magerfleisch
1 g Umrötehilfsmittel

Herstellung siehe „Frankfurter" (Seite 64)

Wursthüllen: Schafsaitlinge, Kal. 22/24, zu 20 g im Strang portionieren

Oderberger

Grundrezept für 10 kg Masse

5 kg Rindfleisch, mager
2 kg Eis
3 kg Rückenspeck ohne Schwarte

Gewürze für 1 kg Masse

20 g Nitritpökelsalz
5 g Brätphosphat/kg Magerfleisch
5 g Gewürzmischung „Sulmtaler Krainer"
2 g Knoblauch, frisch
1 g Umrötehilfsmittel

Herstellung siehe „Mortadella" (Seite 67)

Räuchern bei 65 °C bis zur gewünschten Farbe; brühen bei 78 °C.
Wursthüllen: Schweinssaitlinge, Kal. 30/32

Pariser Weisswurst

Grundrezept für 10 kg Masse

siehe „Bratwurst mit Ei" (Seite 87)

Gewürze für 1 kg Masse

siehe „Bratwurst mit Ei"
zusätzlich: 60 g Zwiebel, roh
8 g Orangensaft, natur
0,5 g Kardamom

Herstellung siehe „Bratwurst mit Ei" (Seite 87)

Wursthüllen: Schweinedärme, Kal. 28/32

Geschwollene

Grundrezept für 10 kg Masse

4,4 kg Magerfleisch
2,5 kg Fettes (Speck)
3 kg Eis
0,1 kg Zwiebel, frisch

Gewürze für 1 kg Masse

Gewürzmischung „Geschwollene"

Herstellung siehe „Münchner Weißwurst" (Seite 62)

Wursthüllen: Cello-Schäldärme füllen, Kal. 28–32, und nach dem Brühen abschälen

Das Brät kann aber auch direkt in den heißen Kessel gefüllt werden. Portionsgröße 100–120 g.

Kümmelwurst

Grundrezept für 10 kg Masse

3 kg Rindfleisch, nicht zu fett
1,2 kg Schweinefleisch, wenig fett
2,9 kg Speckabschnitte ohne Schwarte
0,9 kg Schweinelunge, roh
2 kg Eis

Gewürze für 1 kg Masse

18 g Nitritpökelsalz
2 g Pfeffer
0,5 g Mazis
0,5 g Koriander
0,3 g Ingwer
0,5 g Glutamat
3 g Brätphosphat/kg Schweinefleisch, mager
1 g Farbstabilisator
1 g Kümmel, gemahlen

Herstellung siehe „Knacker" (Seite 65)

Wursthüllen: Kranzdärme, Kal. 40/43

Böhmische Krenwürstchen

Grundrezept für 10 kg Masse

1 kg Rindfleisch, mager
3,5 kg Schweinefleisch, mager
2,5 kg Speckabschnitte ohne Schwarte
1 kg Backen ohne Schwarte
2 kg Eis

Gewürze für 1 kg Masse

18 g Nitritpökelsalz
2 g Pfeffer
0,5 g Muskatblüte
0,3 g Koriander
0,5 g Paprika
0,2 g Ingwer
3 g Brätphosphat/kg Schweinefleisch, mager
1 g Farbstabilisator

Herstellung siehe „Frankfurter" (Seite 64)

Wursthüllen: Saitlinge, Kal. 22/24 und zu 40 g paarweise abdrehen

Göttinger (Cuttermethode)

Grundrezept für 10 kg Masse

2,3 kg Rindfleisch. I
0,7 kg Eis
4,5 kg Rindfleisch I oder Schweinefleisch I
2,5 kg Speck

Gewürze für 1 kg Masse

20 g Pökelsalz
5 g Phosphat
5 g Gewürzmischung „Göttinger"
4 g Knoblauchgranulat

Herstellung

Die 2,3 kg Rindfleisch I werden über die feinste Scheibe gewolft und zusammen mit dem Eis und dem Phosphat zu einem gut bindigen Brät gecuttert. Das restliche Magerfleisch wird würfelig geschnitten und mit Pökelsalz vorgesalzen. Das Vorsalzen des sogenannten Einlagefleisches kann bereits am Vortag geschehen. Beachten Sie jedoch, dass jene Salzmenge von der Brätherstellung abgezogen werden muss, die Sie zum Vorsalzen verwenden. Der sauber entschwartete Speck wird ebenfalls würfelig geschnitten und eingefroren.

Zu beachten ist, dass die Salzmenge für das Einlagefleisch bei der Brätherstellung abzuziehen ist.

Ist der Speck gefroren, wird er in das Brät eingemischt und auf eine Körnung von ca. 8–10 Millimeter geschnitten. Gefrorener Speck ergibt beim fertigen Produkt einen sauberen und exakten Anschnitt.

Ist der Speck auf 8–10 Millimeter geschnitten, gibt man das vorgesalzene Magerfleisch dazu und cuttert es auf eine Endkörnung von 4 Millimeter.

Als Wursthüllen werden bei der Göttinger sogenannte **Cellophandärme** verwendet, die sich überfüllen lassen. Durch dieses Überfüllen erreicht man die gewünschte „eiförmige" Form.

Bevor die Fleischwürste geräuchert werden, muss das Pökelsalz die Fleischfarbe stabilisieren. Dies geschieht bei der sogenannten Umrötung. Je gröber das Einlagefleisch wird, umso länger ist die Umrötephase der verschiedenen Produkte. Brühwürste mit einem sehr hohen Zerkleinerungsgrad und einem intensiven Kontakt mit dem Pökelsalz brauchen daher keine Umrötephase.

Nach der Umrötung wird die Göttinger bei 68 °C heißgeräuchert und anschließend bei 80 °C fertiggegart.

Wiener (Wolfmethode)

Grundrezept für 10 kg Masse

2,3 kg Rindfleisch II
0,7 kg Eis
1 kg Stelzenfleisch Schwein
3,5 kg Schweinefleisch I
2,5 kg Speck

Gewürze für 1 kg Masse

20 g Pökelsalz
5 g Phosphat
5 g Gewürzmischung „Wiener"
2 g Umrötehilfsmittel
4 g Knoblauchgranulat

Herstellung

Das Rindfleisch II wird mit dem Phosphat und dem Eis zu einem gut bindigen Brät gecuttert. Das restliche Einlagefleisch und der Speck werden grob würfelig geschnitten und zusammen mit den Gewürzen und dem Brät gut durchmischt. Die gesamte Masse wird durch eine feine Scheibe gewolft und mit der Hand nochmals nachgemischt. Je besser das Einlagefleisch und der Speck gekühlt sind, desto weniger wird die Masse beim Nachmischen thermisch beansprucht.

Zu langes Mischen kann die Bindigkeit der fertigen Masse negativ beeinflussen.

Zu langes Mischen mit der Hand bzw. mit Mischmaschinen kann die Bindigkeit der fertigen Masse negativ beeinflussen.

Als Hüllen werden Faserdärme mit einem Kal. 75/50 bzw. 80/50 verwendet.

Das Umröten, das Räuchern und das Garen sind ident mit dem der Göttinger.

Putenbratwurst

Grundrezept für Masse

50 % Putenfleisch, sehnenfrei
50 % durchzogener Schweinebauch

Gewürze für 1 kg Masse

18 g Kochsalz
2 g Pfeffer, gemahlen
1 g Mazis
1 g roten Paprika, edelsüß, gemahlen
einen Schuss Zitronensaft

Herstellung

Das gesamte Material durch die 2-Millimeter-Scheibe wolfen und mit den Gewürzen gut vermischen.

Gefüllt werden kann die Masse in **Schweinssaitlinge** oder in **Schaftsaitlinge.**

Bei Putenfleisch bzw. anderen zartschmeckenden Fleischsorten muss der Salzanteil reduziert werden, um den Fleischgeschmack nicht zu übertönen.

Zitronensaft gibt der Putenbratwurst eine frische Note.

Grobe Bratwurst (Bauernbratwurst)

50 % magere Schweineabschnitte der Klasse I
50 % gut durchzogener Schweinebauch

Gewürze für 1 kg Masse
20 g Kochsalz
2 g Pfeffer, weiß, gemahlen
1 g Majoran, gemahlen
1 g Knoblauch, frisch gepresst
0,5 g Muskat

Herstellung
Das gesamte Fleisch wird durch eine 3- oder 4-Millimeter-Scheibe gewolft. Je nach Belieben kann auch eine noch größere Lochscheibe verwendet werden.

Das gewolfte Material gut mit den Gewürzen vermischen und luftfrei in **Schweinssaitlinge** mit dem Kaliber 30/32 füllen.

Um beim Mischen eine noch kompaktere Masse zu erreichen, die beim Brühen und Braten einen geringeren Saftverlust hat, kann zusätzlich noch 0,5 g Brätphosphat zugegeben werden.

Kompaktes Schnittbild ohne Saftverlust

Rehbratwurst

50 % Rehfleisch
50 % durchzogener Schweinebauch

Gewürze für 1 kg Masse
20 g Kochsalz
3 g Pfeffer, weiß, gemahlen
1 Zehe frischen Knoblauch
etwas Rotwein

Herstellung
Das gut ausgeschnittene Rehfleisch wird mit der Knoblauchzehe durch die 2-Millimeter-Scheibe gewolft.

Der durchzogene Schweinebauch durch die 5-Millimeter-Scheibe. Die beiden Massen zusammen mit den Gewürzen gut vermischen und mit dem Rotwein abschmecken. Der Rotwein unterstützt das Wildfleisch in seinem Geschmack. Danach luftfrei in Schweinssaitlinge mit dem Kaliber 30/32 füllen.

Rotwein unterstützt Wildfleisch im Geschmack.

Anstatt des Rehfleisches kann auch anderes Wildfleisch verwendet werden.

Nürnberger Bratwürste

Grundrezept für 10 kg Masse
1,4 kg Schweinefleisch I
1,1 kg Eis
7,5 kg Schweinefleisch, durchwachsen

Gewürze für 1 kg Masse
20 g Speisesalz
5 g Phosphat
5 g Gewürzmischung „Nürnberger Bratwurst“

oder

18 g Kochsalz
2 g Pfeffer, weiß, gemahlen
1 g Mazis
1 g Ingwer
0,3 g Kardamom
1 g Zitronenpulver
1 g Majoran

Herstellung
Für das Grundbrät wird das fein gewolfte Magerfleisch zusammen mit dem Eis und dem Phosphat gecuttert. Das restliche durchwachsene Schweinefleisch wird über die 5- bis 8-Millimeter-Scheibe gewolft und anschließend mit den Gewürzen und dem Brät gut durchmischt. Nach

dem ordentlichen Untermischen wird die Masse in **Schweinssaitlinge** (Kal. 30/32) oder **Schafsaitlinge** (Kal.22/24) gefüllt. Je nach Kundenwunsch können die Würste roh oder gebrüht in den Verkauf gelangen. Bei rohen Bratwürsten ist darauf zu achten, dass solche Würste nur am Tag der Herstellung roh sein dürfen! Nach Ladenschluss müssen die nicht verkauften Würste durch Brühen haltbar gemacht werden!

In Betrieben, denen kein Cutter zur Verfügung steht, kann man solche Bratwürste auch nur durch reines Mischen mit der Hand herstellen. Dazu wird das gesamte Material laut Rezept (exkl. Eis) durch die 5-Millimeter-Scheibe gewolft und mit dem Phosphat und den Gewürzen so lange gemischt, bis sich eine gut bindige Masse bildet.

Steht kein Cutter zur Verfügung, kann bei diesen Würsten auch mit der Hand gemischt werden.

Oberländer (Wollwurst)

Rezept ist ident mit der Nürnberger Bratwurst.

Herstellung

Das fertige Brät wird nicht wie bei der Nürnberger Bratwurst in Schafsaitlinge gefüllt, sondern **auf ein befeuchtetes Blech mit einer Stärke von 2–3 Zentimeter gespritzt.** Die Länge kann je nach Belieben zwischen 10 und 20 Zentimetern variieren.

Das Blech mit den aufgespritzten Wollwürsten wird in das 75 °C heiße Wasser gegeben. Nach ca. fünf Minuten Garzeit werden die Wollwürste einzeln vom Blechgelöst und weitere 25 Minuten gegart.

Kosaken-Wurst

Grundrezept für 10 kg Masse

1,2 kg Rinderbrät-Grundmasse (siehe „Tiroler")
6,3 kg Schweinefleisch mit geringem Sehnenanteil
2,5 kg Schweinbauch ohne Schwarte

Gewürze für 1 kg Masse

22 g Nitritpökelsalz (ohne Grundbrät)
6 g Rosenpaprika
1 g Umrötehilfsmittel
2 g Knoblauch, frisch

Herstellung

Schweinebäuche gekühlt auf 5 Millimeter wolfen und mit dem Brät zu einer gut bindigen Masse vermischen.

Wursthüllen: Sterildärme, schwarz, Kal. 75/50

Brühdauer: 120 Min. bei 75 ° C

Käswurst

Grundrezept für 10 kg Masse

2 kg Rindfleisch II
1 kg Eis
4,5 kg Schweinefleisch II
2,5 kg Speck
3 kg Emmentaler, Würfel

Gewürze für 1 kg Masse

20 g Pökelsalz
5 g Phosphat
5 g Gewürzmischung „Käswurst“
4 g Knoblauchgranulat
2 g Pfeffer, schwarz, geschrotet

Herstellung

Aus dem Rindfleisch und dem Eis wird unter Zugabe von Pökelsalz und Phosphat ein gut bindiges Brät hergestellt. Das Schweinefleisch II wird ca. 12 Std. lang vorgesalzen.

Der Speck und das vorgesalzene Magerfleisch werden zusammen mit den Gewürzen in das Brät mit dem Cutter eingeschnitten. Nach Erreichen der gewünschten Körnung werden die Käsewürfel mit der Hand in die fertige Masse eingemischt. Haben sich die Käsewürfel gleichmäßig in der Masse verteilt, wird das Ganze in **Faserdärme** mit dem Kal. 80/50 gefüllt.

Die Käsewürfel werden mit der Hand in die fertige Masse eingemischt.

Vor dem Räuchern wird die Käswurst einer Umrötung unterworfen, bei der die natürliche Fleischfarbe durch das Pökelsalz stabilisiert wird.

Im Heißrauch bei 68 °C wird das Ganze nun ca. eine Stunde geräuchert. Ist die gewünschte Rauchfarbe erreicht, wird die Käswurst bei 78 °C fertig gegart (Kerntemperatur 72 °C).

Debreziner

Grundrezept für 10 kg Masse

1,7 kg Rindfleisch II
0,8 kg Eis
4,5 kg Schweinefleisch II
3 kg Speck

Gewürze für 1 kg Masse

20 g Pökelsalz
5 g Phosphat
2 g Umrötehilfsmittel
5 g Gewürzmischung „Debreziner“
4 g Knoblauchgranulat
5 g Paprikapulver

Herstellung

Brätherstellung aus Rindfleisch II und Eis. Das Schweinefleisch II wird mit Pökelsalz einen Tag zuvor eingesalzen. Nach der Farbstabilisierung wird das vorgesalzene Fleisch zusammen mit den Gewürzen und dem Brät gut vermischt. Die gesamte Masse wird nun durch eine 8-Millimeter-Scheibe gewolft und anschließend mit der Hand noch fertig gemischt.

Ist etwas Schärfe verlangt, kann man 2–3 g Cayennepfeffer zur Gewürzmischung geben.

Nun wird sie in **Schafsaitlinge** (21/23) gefüllt und bei 60 °C getrocknet und anschließend heißgeräuchert.

Ist die Farbe erreicht, werden die Würste bei 78 °C fertiggebrüht.

Durch den groben Fettanteil neigt die Debreziner gerne dazu, Fett in Form von feinsten Fetttröpfchen an der Wursthaut abzulagern. Beim Abkühlen sollte daher nur fließendes Wasser verwendet werden, um diese dünne Fettschicht vom Produkt abwaschen zu können.

Beim Füllen muss der Debreziner genau dieselbe Aufmerksamkeit geschenkt werden wie der Frankfurter.

Eine zu hohe Zugabe von Paprikapulver kann einen bitteren Nebengeschmack im Produkt hervorrufen. Verwendet man für die Farbgebung flüssigen Paprikaextrakt, kann dieses Problem umgangen werden.

Wird vom Konsumenten eine gewisse Schärfe verlangt, kann man zur der Gewürzmischung zusätzlich noch 2–3 g Cayennepfeffer hinzufügen.

Dürre im Kranz

Grundrezept für 10 kg Masse

1,5 kg Rindfleisch II
0,5 kg Eis
2,5 kg Schweinefleisch II
2,5 kg Speck
3 kg Goderfleisch

Gewürze für 1 kg Masse

20 g Pökelsalz
5 g Phosphat
2 g Umrötehilfsmittel
5 g Gewürzmischung „Braunschweiger“
4 g Knoblauchgranulat
5 g Paprikapulver
3 g Cayennepfeffer

Herstellung

Das Schweinefleisch und das Goderfleisch werden würfelig geschnitten und mit Pökelsalz min. 12 Std. lang vorgesalzen. Aus dem Rindfleisch II und dem Eis wird ein Brät erzeugt, in das das vorgesalzene Fleisch, der Speck und die Gewürzmischung eingemischt werden. Die gesamte Wurstmasse wird über die 4-Millimeter-Scheibe gewolft. Für ein rustikaleres Schnittbild kann der Speck in Würfel geschnitten und nach dem Wolfen als Ganzes eingemischt werden.

Gefüllt wird die Dürre in Rinderkranzdärme, die zu 300–400 g portioniert werden können.

Nach der Umrötephase bzw. dem Abtrocknen werden die Würste geräuchert und bei 78 °C auf 72 °C Kerntemperatur fertiggegart.

Jagdwurst

Grundrezept für 10 kg Masse

2 kg Rindfleisch, mager
0,5 kg Eisschnee
2,5 kg Rückenspeck, Schwein
5 kg Schweinefleisch,

Gewürze für 1 kg Masse

20 g Nitritpökelsalz
5 g Brätphosphat/kg
Rindfleisch, mager
3 g Knoblauchgranulat
5 g Gewürzmischung
„Jagdwurst“ mager, sehnenfrei

Herstellung siehe „Egerländer“ (Seite 83)
Körnung auf 6–8 Millimeter einstellen
Wursthüllen: Faserdarm, Kal. 65/50 oder Kal. 90/50

Cabanossi

Grundrezept für 10 kg Masse

4 kg Rinderbrät-Grundmasse
18 g Nitritpökelsalz für den Schweinebauch
6 kg Schweinebauch ohne Schwarte

Gewürze für 1 kg Masse

2 g Pfeffer
1 g Rosenpaprika
2 g Paprika, edelsüß
2 g Knoblauch, frisch
1 g Umrötehilfsmittel

Herstellung siehe „Feuerteufel“ (Seite 82)
Wursthüllen: Schweinedärme, Kal. 26/28

Calvados-Würstchen

Für diese Art von Würstchen kann jede Art von rohen Bratwürsten herangezogen werden, die in einer Calvados-Marinade gebrüht werden.

Marinade für ca. 1 kg Bratwurst

0,5 l Cidre (Apfelwein)
3 g Pfeffer, weiß, gemahlen
Saft einer ½ Zitrone
0,1 l Calvados (Apfelbranntwein)

Herstellung der Marinade

Cidre etwas reduzieren und mit den restlichen Gewürzen vermischen. Das Ganze auf ca. 35 °C abkühlen lassen, die Würstchen einlegen und gemeinsam bei 70 °C ca. 20 Min. brühen.

Feuerteufel

Grundrezept für 10 kg Masse

6,5 kg Rinderbrät-Grundmasse (siehe „Tiroler")
3,5 kg Schweinebauch ohne Schwarte

Gewürze für 1 kg Masse

18 g Nitritpökelsalz zum Schweinefleisch
2 g Pfeffer
1 g Rosenpaprika
1 g Umrötehilfsmittel
Tabasco nach Geschmack

Herstellung

Schweinebäuche durch die 5-Millimeter-Scheibe wolfen und mit dem Grundbrät gut vermischen.

Wursthüllen: Schweinedärme, Kal. 28/32

Stückgewicht: 100 g im Strang portionieren

Florentiner

Grundrezept für 10 kg Masse

4 kg Rindfleisch, mager
3 kg Rückenspeck, Schwein
3 kg Rindfleisch mit geringem Fettanteil

Gewürze für 1 kg Masse

20 g Nitritpökelsalz
4 g Knoblauch, frisch
7 g Gewürzmischung „Florentiner"
2 g Umrötehilfsmittel
2 g Pfeffer, weiß, gemahlen

Herstellung

Mageres Rindfleisch und Speck gefrieren und auf 5 Millimeter schneiden. Restliches Magerfleisch untermischen und auf eine Endgröße von 3 Millimeter cuttern oder wolfen.

Wursthüllen: Faserdärme, Kal. 80/50. Bei 60 °C umröten und trocknen, zwischen 65 und 70 °C räuchern und bei 78 °C im Heißluftofen fertiggaren.

Egerländer

Grundrezept für 10 kg Masse

1,8 kg Rindfleisch, mager
0,7 kg Eisschnee
2 kg Rindfleisch, mager, sehnenfrei
3 kg Schweinefleisch, mager
2,5 kg Rückenspeck, Schwein

Gewürze für 1 kg Masse

20 g Nitritpökelsalz
5 g Brätphosphat/kg Rindfleisch, mager
4 g Knoblauch, frisch
7 g Gewürzmischung „Egerländer"

Herstellung

Aus magerem Rindfleisch und Eis unter Zugabe des Brätphosphates ein gut bindiges Brät herstellen. Restliches Material auf 3 Millimeter wolfen und mit dem Brät gut vermischen. Räuchern und Garen siehe „Florentiner".

Wursthüllen: Faserdarm, Kal. 80/45

Mährische

Grundrezept für 10 kg Masse

4 kg Rindfleisch, sehnenfrei
2 kg Stelzenfleisch, grob entsehnt
2,5 kg Goderfleisch
1,5 kg Brät (60 % Magerfleisch, 40 % Eisschnee)

Gewürze für 1 kg Masse

20 g Nitritpökelsalz
4 g Knoblauch, frisch
2 g Pfeffer, weiß, gemahlen

Grüne Pfefferkörner, getrocknet, nach Bedarf

Herstellung

Rindfleisch, Stelzenfleisch und Goder durch eine sehr grobe Scheibe wolfen und mit dem Pökelsalz mindestens einenTag vorsalzen. Das vorgesalzene Fleisch mit dem Brät gut durchmischen und durch die 4-Millimeter-Scheibe wolfen. Räuchern usw. siehe „Egerländer".

Wursthüllen: Faserdarm, Kal. 80/50

Waldviertler

Grundrezept für 10 kg Masse

2 kg Rindfleisch, nicht zu fett
1 kg Eisschnee
2 kg Schweinefleisch, mager
5 kg Schweinebauch, entschwartet

Gewürze für 1 kg Masse

20 g Nitritpökelsalz
5 g Brätphosphat/kg Rindfleisch
3 g Knoblauch, frisch
6 g Gewürzmischung „Waldviertler rustikal“
2 g Pfeffer, weiß, gemahlen

Herstellung siehe „Mährische“ (Seite 83)

Wursthüllen: Faserdarm, Kal. 65/50

Bauernwurst herzhaft

Grundrezept für 10 kg Masse

2 kg Rindfleisch, mager
0,5 kg Eis
2,5 kg Speck, vorgesalzen
2,5 kg Schweinefleisch, mager
2,5 kg Rindfleisch I

Gewürze für 1 kg Masse

20 g Nitritpökelsalz
Gewürzmischung „Bauernwurst“, herzhaft
4 g Knoblauch, frisch

Herstellung

Aus Rindfleisch und Eis ein gut bindiges Brät herstellen. Speck und Schweinefleisch auf 5 Millimeter wolfen und unter das Brät mischen.

Wursthüllen: Faserdärme, Kal. 60/50, Kal. 80/50

Fleischwurst (einfach)

Grundrezept für 10 kg Masse

4,5 kg Schweinefleisch (geringer Sehnenanteil)
0,5 kg Goder ohne Schwarte
2,5 kg Rückenspeck ohne Schwarte
0,5 kg Schwarten
2 kg Eis

Gewürze für 1 kg Masse

18 g Nitritpökelsalz
2 g Pfeffer
0,5 g Mazis
0,5 g Koriander
0,3 g Ingwer
2 g Paprika
0,5 g Glutamat
3 g Brätphosphat/kg Schweinefleisch, mager
1 g Farbstabilisator

Herstellung siehe „Knacker“ (Seite 65)

Wursthüllen: Kranzdärme, Kal. 40/43

Hirtenwurst

Grundrezept für 10 kg Masse
3,5 kg Göderl mit eingewachsenem Magerfleisch
4 kg Schweinefleisch, mager, oder Rindfleisch, mager
2,5 kg Brät, bestehend aus:
1,8 kg Rindfleisch, mager
0,7 kg Eis

Gewürze für 1 kg Masse
20 g Nitritpökelsalz
4 g Gewürzmischung „Hirtenwurst“
3 g Knoblauch, frisch
3 g Pfeffer, schwarz, geschrotet

Herstellung siehe „Göttinger“ (Seite 73)
Wursthüllen: Faserdarm, Kal. 65/50

Schweinskopfwurst

Grundrezept für 10 kg Masse
2,2 kg Rindfleisch II
0,8 kg Eis
7 kg Schweinekopffleisch, ausgeschnitten und entschwartet

Gewürze für 1 kg Masse
20 g Nitritpökelsalz
6 g Gewürzmischung „Schweinskopfwurst“
4 g Knoblauchgranulat

Herstellung
Aus Rindfleisch und Eis ein Brät herstellen. Das gesamte Kopffleisch grob schneiden und mit dem Brät vermengen.

Die gesamte Masse durch die 3-Millimeter-Scheibe wolfen und füllen.
Wursthüllen: Faserdärme, Kal. 70/50 oder 55/50

Knoblauch-Stangerln

Grundrezept für 10 kg Masse
1,8 kg Rindfleisch, mager
0,7 kg Eis
2 kg Rindfleisch, sehnenfrei
3 kg Schweinefleisch, mager
2,5 kg Speck

Gewürze für 1 kg Masse
7 g Gewürzzubereitung „Knoblauch-Stangerln“
2 g Umrötehilfsmittel
20 g Nitritpökelsalz
3 g Knoblauchgranulat

Herstellung siehe „Göttinger“ (Seite 73)
Wursthüllen: Faserdarm, Kal. 45/50

Kurfürstenwurst

Grundrezept für 10 kg Masse

1,8 kg Rinderbrät-Grundmasse (75 % Rindfleisch mager, 25 % Wasser)
5 kg Schweinefleisch, mager
3,2 kg Schweinebauch

Gewürze für 1 kg Masse

20 g Nitritpökelsalz (ohne Grundbrät)
2 g Pfeffer, gemahlen
1 g Paprika, edelsüß
0,5 g Muskat
0,2 g Knoblauchmasse
0,5 g Glutamat
1 g Farbstabilisator

Herstellung

Das magere Schweinefleisch in 1 Zentimeter große Würfel schneiden. Den Schweinebauch durch die 8-Millimeter-Scheibe wolfen und mit je 20 g Nitritpökelsalz/kg einen Tag vorsalzen. Das vorgesalzene Fleisch mit dem Brät vermischen, füllen, räuchern und garen.
Wursthüllen: Hautfaserdärme, Kal. 75/50

Curry-Bratwurst

Grundrezept für 10 kg Masse

4 kg Schweinefleisch, mager
2 kg Schweinebauch ohne Schwarte
2 kg Speckabschnitt ohne Schwarte
2 kg Eis

Gewürze für 1 kg Masse

18 g Kochsalz
3 g Brätphosphat/kg Schweinefleisch, mager
2 g Pfeffer
1 g Mazis
1 g Ingwer
0,3 g Kardamom
1 g Zitronenpulver
3 g Currypulver

Herstellung

Aus dem gesamten Material ein nicht allzu feines Brät herstellen.
Wursthüllen: Schweinedärme, Kal. 28/32, zu 100 g im Strang abdrehen

Bratwurst mit Ei

Grundrezept für 10 kg Masse

9,72 kg Schweinebauch ohne Schwarte
0,28 kg Eier

Gewürze für 1 kg Masse

18 g Kochsalz
2 g Pfeffer
1 g Mazis
1 g Ingwer
0,3 g Kardamom
1 g Zitronenpulver

Herstellung

Den Schweinebauch erbsengroß wolfen und mit den Gewürzen und dem Ei zu einer gut bindigen Masse mischen.

Wursthüllen: Schweinedärme, Kal. 26/28, zu 70–80 g im Strang portionieren

Rauchwurst

Grundrezept für 10 kg Masse

1 kg Rindfleisch, nicht zu fett
1 kg Rindfleisch, mager
1 kg Eis
1 kg Schweinefleisch, mager
1,5 kg Stelzenfleisch, grob entsehnt
2 kg Schweinekopffleisch, mager, entsehnt
2,5 kg Speck

Gewürze für 1 kg Masse

8,5 g Gewürzmischung „Rauchwurst"
oder
6 g Gewürzmischung „Rauchwurst"
2 g Umrötehilfsmittel
20 g Nitritpökelsalz

Herstellung siehe „Göttinger" (Seite 73)

Wursthüllen: Faserdarm, Kal. 55/50

Husarenwurst

Grundrezept für 10 kg Masse

2,3 kg Rindfleisch, mager
0,7 kg Eis
2,5 kg Schweinefleisch, fett (Göderl oder fette Bäuche)
3,5 kg Rindfleisch, sehnenfrei
1 kg Stelzenfleisch (grob ersehnt)

Gewürze für 1 kg Masse

6 g Gewürzmischung „Husarenwurst"
2 g Umrötehilfsmittel
20 g Nitritpökelsalz

Herstellung siehe „Göttinger" (Seite 73)

Wursthüllen: Faserdarm, Kal. 75/50

Bratblutwurst

Grundrezept für 10 kg Masse

6 kg Schweinekopffleisch, gekocht
1 kg Schwarten, gekocht
0,5 kg Weißbrot
2 kg Schweineblut
0,5 l Kochbrühe

Gewürze für 1 kg Masse

20 g Kochsalz
5 g Gewürzmischung „Blutwurst"
4 g Knoblauch
10 g Majoran, getrocknet

Herstellung

Das Schweinekopffleisch und die Schwarten werden zusammen in kochendem Wasser weichgekocht. Kochen Sie das Fleisch nur so lange, bis man es zwischen zwei Fingern gerade zerdrücken kann. Ein zu langes Kochen würde sich auf die Festigkeit des Produktes auswirken. Das Weißbrot kann in der Brühe vorgeweicht werden, damit die Einmischung leichter und gleichmäßiger verläuft. Bevor das gesamte Material durch die 5-Millimeter-Scheibe gewolft wird, ist eine Kontrolle im Hinblick auf Knochenreste unumgänglich. Wurden alle Knochenteile entfernt, wird das Ganze gewolft und noch warm mit dem Blut und den Gewürzen vermengt.

Zu langes Kochen wirkt sich auf die Festigkeit des Produktes aus.

Je wärmer die Masse ist, desto leichter lässt sich die Blutwurst mischen. Je nach Region wird die Bratblutwurst in **Rinderdärme** (Kal. 40/43) bzw. **Schweinssaitlinge** (Kal. 30/32) gefüllt und bei 80 °C gebrüht. Für eine längere Haltbarkeit der Bratblutwurst kann man diese noch zusätzlich kalt räuchern.

Gebratene Blutwurst

Thyringer Rotwurst

Grundrezept für 10 kg Masse	*Gewürze für 1 kg Masse*
5,5 kg Schweinefleisch II, gepökelt	**20 g Pökelsalz**
1,8 kg Speckwürfel (6 mm)	**6 g Gewürzmischung „Thyringer Rotwurst"**
1,5 kg Schwarten, weichgekocht	
0,7 kg Blut	
0,5 kg Kochbrühe	

Herstellung

Das Schweinefleisch wird mit Pökelsalz vorgepökelt. Dies bedarf einer gewissen Vorlaufzeit, um beim Endprodukt eine schöne, durchgehend stabile Fleischfarbe zu erhalten.

Aus den Schwarten und der Kochbrühe wird eine feine Schwartenmasse hergestellt, in die die Speckwürfel und das gepökelte Magerfleisch untergemischt werden. Das Fleisch und die Speckwürfel müssen zuvor jedoch unbedingt mit kochend heißem Wasser übergossen (abbrüht) werden. Durch dieses Abbrühen wird verhindert, dass sich sowohl der Speck als auch das Magerfleisch mit Blut volltränken.

Die Speckwürfel vor dem Untermischen unbedingt mit heißem Wasser übergießen – dadurch bleibt der Speck schön weiß.

Bei der Blutzugabe ist darauf zu achten, dass die Masse auf unter 35 °C abgekühlt ist, da ansonsten aufgrund des zum Teil geronnenen Blutes keine schöne Pökelfarbe mehr entsteht. Zuletzt wir das restliche Salz eingemischt.

Für die Berechnung der restlichen Salzmenge darf jene Salzmenge, die beim Pökeln verwendet wurde, nicht mehr miteinberechnet werden.

Gefüllt werden kann die Thyringer Rotwurst sowohl in **Top-Därme** als auch in **Bimmerlinge** bzw. **Schweinemagen**.

Damit Blut ordentlich durchpökeln kann, empfiehlt es sich, die Würste für 1–2 Std. bei Raumtemperatur liegen zu lassen.

Bei 80 °C Wassertemperatur wird die Wurst fertiggebrüht. Bei Kochwürsten sollte die Kerntemperatur nicht wie üblich bei 72 °C sondern bei 74 °C liegen, um ein absolut einwandfreies Produkt zu erhalten.

Italienische Blutwurst mit Rotwein

Grundrezept für 10 kg Masse
8 kg Schweinebauch, gekocht
1,2 kg Schweineblut
0,8 l Rotwein

Gewürze für 1 kg Masse
20 g Pökelsalz
2,5 g Pfeffer, weiß, gemahlen
0,8 g Nelken
0,8 g Ingwer

Herstellung

Der gepökelte und weich gekochte Schweinebauch wird noch warm gewolft.

Der Schweinebauch, der nicht mehr als 50 % sichtbares Fett enthalten sollte, wird entschwartet und mit Pökelsalz vorgepökelt. Nach dem Pökeln wird der Bauch weichgekocht und im warmen Zustand durch die 3-Millimeter-Scheibe gewolft. Unter diese Masse werden dann das gepökelte Schweineblut, die Gewürze und der Rotwein gemischt.

Als Wursthüllen werden **Rindsdärme,** Kal. 43 +, bzw. Rindermitteldärme, Kal. 60/50, verwendet. Das Brühen kann aufgrund des gepökelten Blutes sofort erfolgen.

Blutwurst mit Kürbis

Grundrezept für 10 kg Masse
siehe „Thyringer Rotwurst“ (Seite 89)

Herstellung

Kleingeschnittene Kürbiswürfel werden mit kochend heißem Wasser übergossen und in die Masse der Thyringer Rotwurst eingemischt. Durch das Abbrühen der Kürbiswürfel verdunstet das anhaftende Wasser und ein Herausfallen aus der Wurstmasse kann damit verhindert werden.

Gefüllt wird das Gut in sterile **Kunstdärme** mit dem Kaliber 60/50. Die Garzeit dafür beträgt bei 80 °C Kesseltemperatur ca. eine Std.

Sächsische

Grundmasse für 10 kg Masse
5,5 kg Schweinegöderl, gepökelt und gebrüht
2 kg Schwarten
2 l frisches Blut
5 l Brühe

Gewürze für 1 kg Masse
20 g Nitritpökelsalz (ohne gepökeltes Einlagefleisch)
5 g Gewürzmischung „Thyringer Rotwurst"

Herstellung
Gebrühte Göderl in kleine Würfel schneiden und mit den Gewürzen gut vermischen. Aus den Schwarten und der Brühe unter Zugabe einer Zwiebel eine Masse herstellen. Warme Schwartenmasse mit den Göderlwürfeln sowie dem Blut vermischen. Eine Std. umröten lassen und bei 80 °C brühen.
Wursthüllen: Safe-Därme unbedruckt, transparent, Kal. 120/50

Sülzen

Russische Sülze (Rezept siehe S. 101)

Aufgussbrühen

Kräuteraufgussbrühe

Grundrezept für 10 Liter Brühe
2 kg Suppenknochen
0,5 kg Sellerie
1 kg Karotten
0,5 kg Lauch
½ Lorbeerblatt
6 l Wasser

Gewürze für 1 Liter Brühe
10 g Pökelsalz

Herstellung

Sämtliche Zutaten, außer die Suppenknochen, kommen in einen Stoffsack und werden zusammen mit den Knochen gekocht. Ist das Wurzelwerk zur Gänze zerkocht, wird der Stoffsack händisch oder mit einer Presse ausgepresst. Der daraus gewonnene Sud wird der Suppe wieder beigemengt und, wenn nötig, mit Wasser aufgefüllt. Die Wassermenge richtet sich hauptsächlich nach dem Geschmack der Brühe. Gegebenenfalls kann die Brühe mit etwas Suppenpulver noch verfeinert werden. Achten Sie darauf, dass sich der Suppengeschmack im Endprodukt nicht in den Vordergrund schiebt, sondern lediglich zur Geschmacksergänzung dient.

Der Suppengeschmack soll im Endprudukt nicht in den Vordergrund treten.

Um eine satz- und trubfreie Brühe zu erlangen, wird die Aufgussbrühe über ein Leinentuch gefiltert. Ein Haarsieb ist aufgrund der zu groben Maschenweite nicht zulässig. Die gefilterte Brühe wird mit der angegebenen Menge Speisesalz gewürzt.

Aspikaufgussbrühe

Grundrezept für 10 l Aufgussbrühe
6,2 l Knochensuppe
3,2 l Wein (rot/weiß)
0,6 kg Aspikpulver

Gewürz für 1 Liter Brühe
10 g Pökelsalz

Herstellung

Frische Rinder- oder Schweineknochen werden zerschnitten und im Verhältnis 80 : 20 (d. h. 80 % Wasser, 20 % Knochen) gekocht. Die daraus gewonnene Knochensuppe wird über ein Leinentuch gefiltert und im Kühlraum heruntergekühlt. Durch das Abkühlen erstarren die obenauf schwimmenden Fettaugen, die später vorsichtig mit einem

Sieb abgeschöpft werden. Der bereinigten Suppe wird die dafür vorgeschriebene Menge Aspik beigegeben und unter ständigem Umrühren auf ca. 80 °C erhitzt. Kurz vor Erreichen der Temperatur wird der Wein der Aufgusssuppe beigemengt.

Die Suppe wird stets warm und in flüssiger Form verarbeitet, lässt sich aber in gekühlter Form problemlos einige Tage lagern.

Sülzen

Kalbfleischsülze mit Kräuteraufgussbrühe

Grundrezept für 10 kg Masse

6,6 kg Kalbfleisch, entsehnt
3,4 kg Kräuteraufgussbrühe

Gewürze für 1 kg Masse

10 g Pökelsalz (Kalbfleisch)
1 g Pfeffer
2 g Knoblauchgranulat
25 g Aspikpulver/kg Brühe

Herstellung

Das Kalbfleisch wird in gleichmäßige Würfel (rund 1,5–2 Zentimeter) geschnitten und mit dem Pökelsalz 1–2 Tage vorgesalzen. Um die Garzeit des Endproduktes zu verkürzen, kann das gepökelte Kalbfleisch vor dem Befüllen der Sterildärme bereits vorgegart werden. Vor dem Vermengen der Fleischstücke mit der Aufgussbrühe wird das Kalbfleisch mit heißem Wasser abgeschwemmt. Dadurch wird anhaftendes Fett abgespült und so ein klares Endprodukt erreicht.

Vor dem Vermischen mit der Aufgrussbrühe das Kalbfleisch mit heißem Wasser abschwemmen.

Vor dem Mischen muss die Aufgussbrühe auf ca. 40–50 °C erwärmt werden, in der das Aspik unter ständigem Rühren klumpenfrei aufgelöst wird. Bei Anwendung von Aspikbrühen kann die Zugabe von Aspik entfallen. In einer großen Schüssel werden die Brühe und das Kalbfleisch gemischt und darauf in Sterildärme gefüllt. Das Kaliber der Därme sollte sich hauptsächlich nach der Würfelgröße des Fleisches richten. Bei größeren Würfeln sind Därme mit großem Kaliber zu verwenden. Bei einem Kaliber von 90 Millimeter Durchmesser und einer Wassertemperatur von 80 °C ergibt sich eine Garzeit von ca. zwei Stunden.

Durch die geringe Salzaufwandmenge ergibt sich auch eine geringere Haltbarkeit des Produktes, was beim Verkauf miteinberechnet werden muss.

Wurstsülze mit Aspikbrühe

Grundrezept für 10 kg Masse
8 kg Wurstwürfel
2 kg Aspikbrühe

Gewürz für 1 kg Masse
10 g Pökelsalz/kg Brühe

Herstellung

Die Würfel werden ausschließlich aus verschiedenen Brühwurstsorten hergestellt. Nach dem Entfernen von Naturdärmen bzw. Kunstdärmen werden die Würste feinwürfelig geschnitten (5 Millimeter). Je feiner die Würfel geschnitten sind, umso edler kommt das Endprodukt beim Konsumenten zur Geltung. Derartige Wurstwürfel können aus den Anschnitten von Stangenwaren geschnitten werden. Dadurch werden auch solche Reste wertvoll wiederverwendet.

Reste von Stangenwürsten können auf diese Art wertvoll verwendet werden.

Vor dem Vermischen muss die erstarrte Aspikbrühe erwärmt werden. Pro Kilogramm Brühe werden 10 g Pökelsalz beigemengt und mit den Wurstwürfeln vermischt. Beim Mischen sollte stets auf eine gleichmäßige Verteilung der Würfel im Produkt geachtet werden. Da Wurstsülzen überwiegend in kleinen Portionen angeboten werden, kann man anstelle von Sterildärmen auch konische Marmeladegläser verwenden, die nach dem Garen und dem Kühlen auf den Kopf gestellt werden und so eine ansprechende Portionsform ergeben.

Wurstsülze mit Brühe

Haussülze

Grundrezept für 10 kg Masse

4,5 kg Schweinekopffleisch, gekocht
2 kg Schwarten, gekocht
0,5 kg Karotten und Erbsen, gekocht
3 Liter Fleisch-/Schwartensuppe entfettet

Gewürze für 1 kg Masse

20 g Kochsalz
20 g Zwiebel frisch
2 g Grüne Pfefferkörner in Lake

Wenn durch zu langes Kochen die Gelierfähigkeit der Sülze abnimmt, kann sie durch einen Schuss Essig wieder etwas erhöht werden.

Herstellung

Das Fleisch und die Schwarten und bei 80 °C solange kochen, bis es sich mit den Fingern durchdrücken lässt. Durch zu langes Weichkochen nimmt die Gelierfähigkeit der Sülze ab.

Mit einem Schuss Essig kann die Gelierfähigkeit wieder etwas erhöht werden.

Das Fleisch und die Schwarten in ca. 1–2 Zentimeter große Würfel schneiden und mit dem ebenfalls geschnittenen Gemüse vermischen. Die fertige Masse in eine Schüssel füllen und im erstarrten Zustand auf ein Anrichteteller stürzen.

Achten Sie bei Befüllen der Schüssel darauf, dass die Masse stets im heißen Zustand ist, um ein vorzeitiges Gelieren zu vermeiden.

Mit einem Ei verfeinert schmeckt Haussülze besonders gut.

Presswurst

Grundrezept für 10 kg Masse

5 kg Schweinekopffleisch gekocht
2 kg Stelzen gekocht
1 kg Schwarten gekocht
2 Liter Fleisch-/Schwartenbrühe

Gewürze für 1 kg Masse

20 g Kochsalz
10 g Zwiebel, frisch geschnitten
3 g schwarzer Pfeffer, geschrotet
150 g Trockenaspik

Herstellung

Das geschnittene Fleisch und Schwarten (2-Zentimeter-Würfel) werden mit heißem Wasser abgespült, um anhaftendes Fett abzuspülen. Dadurch wird eine klare Sülze erreicht und sich absetzendes Fett vermieden.

Durch Abspülen der Fleisch- und Speckwürfel mit heißem Wasser erhält man eine klare Sülze.

Alle Zutaten in heißem Zustand miteinander vermischen und in **Sterildärme** füllen. Bei 75 °C für ca. 1,5 Std. fertig garen und in kaltem Wasser abkühlen lassen.

Hausgemachte Presswurst

Rindfleischsülze

Grundrezept für 10 kg Masse
8 kg Rindfleisch, entsehnt
1,5 kg Schwarten, gekocht
0,5 kg Kesselbrühe

Gewürze für 1 kg Masse
20 g Pökelsalz
2 g Pfeffer
1 g Kümmel
25 g Zwiebeln
5 g Suppengewürz

Herstellung

Das Rindfleisch und die Schwarten werden mit dem anteiligen Pökelsalz vorgepökelt (einen Tag) und gegart. Während das Rindfleisch würfelig geschnitten wird, werden die Schwarten heiß durch die 2-Millimeter-Scheibe gewolft. Das Ganze wird mit den Gewürzen gut durchmischt und warm in **sterile Kunstdärme** bzw. sauber geputzte Schweinemägen gefüllt. Je wärmer die Schwartenmasse ist, umso leichter und exakter lässt sich die Masse mischen!

Wenn das Rindfleisch vorgegart wurde, kann die Garzeit verkürzt werden.

Wie bei der Kalbfleischsülze kann auch hier die Garzeit verkürzt werden, indem man das Rindfleisch vorgart. Die Garzeit bei 80 °C beträgt ca. eine Minute/mm Wurstdurchmesser.

Die Rindfleischsülze kann auch in einer Form – ohne Darm – hergestellt werden.

Kasseler Schwartenmagen

Grundrezept für 10 kg Masse	*Gewürze für 1 kg Masse*
2 kg Rindfleisch, entsehnt	**20 g Pökelsalz**
2 kg Schweinefleisch, entsehnt	**4 g Pfeffer, weiß, gemahlen**
2 kg Schweinekopffleisch	**25 g Aspik/kg Brühe**
2 kg Schweinezungen	
2 kg Kräuteraufgussbrühe	

Herstellung

Das Rindfleisch, Schweinefleisch, Kopffleisch und die Schweinszungen werden mit dem Pökelsalz gepökelt und vorgegart. Das Schweinekopffleisch wird im heißen Zustand durch die 2-Millimeter-Scheibe gewolft und mit der warmen Kräuteraufgussbrühe vermischt. Das restliche Fleisch wird in kleine Würfel geschnitten und ebenfalls unter die Masse gehoben. Je nach Geschmack kann das Ganze noch mit diversen Gewürzen und Kräutern abgeschmeckt werden.

Je nach Geschmack können Kräuter zugegeben werden.

Als Hüllen werden sogenannte **Rinderbutten** verwendet, die ca. drei Std. bei 80 °C gebrüht werden.

Pfefferstelze

Grundrezept für 10 kg Masse	*Gewürze für 1 kg Masse*
9 kg Stelzenfleisch (Schwein)	**20 g Pökelsalz**
1 kg Zwiebeln, geschnitten oder ganz nach Bedarf	**Pfeffer, schwarz, geschrotet**

Herstellung

Die entbeinten und entschwarteten Schweinestelzen werden auf der gröbsten Scheibe (13 Millimeter) gewolft und mit den Gewürzen vermischt. Die geschälten Zwiebeln sollten per Hand kleinwürfelig geschnitten und nicht mit dem Wolf gewolft werden. Gewolfter Zwiebel würde im Wolf zu stark mechanisch beansprucht werden und so seine Struktur verlieren. Sind auch die geschnittenen Zwiebeln beigemengt worden, wird die Masse in eine **Pressschinkenform** gefüllt und mit dem Deckel kräftig zusammengepresst. Die ganze Form wird bei ca. 80 °C so lange gegart, bis eine Kerntemperatur von 76 °C erreicht ist. Durch den Druck der Form und der hohen Temperatur wird die Gelatine aus den kollagenen Fasern (Sehnen) herausgekocht und verbindet so die restlichen Fleischstücke mit den Gewürzen.

Die Zwiebeln sollten nicht gewolft, sondern mit der Hand geschnitten werden.

Nach dem Erkalten wird die Pfefferstelze ausgeformt und auf der Aufschnittmaschine fein aufgeschnitten. Für die Optik kann auf der

Ober- und Unterseite eine Schwarte bzw. eine Schweinskopfmaske eingelegt werden. Um das Ausformen der Pfefferstelze zu erleichtern, sollte die Innenfläche der Pressform mit einer speziellen Auslegefolie ausgekleidet werden.

Aal in Dillaspik

Grundrezept

1 Aal
1 Bund Wurzelgemüse (bestehend aus Lauch, Sellerie, Petersilienwurzel, Zwiebel, Lorbeerblatt)
0,5 l Weißwein
1 Bund frischer Dill
120 g Speisegelatine

Herstellung

Nach dem Garen sämtliches Fett und die Gräten entfernen.

Aus dem Wurzelgemüse unter Beigabe von etwas Salz und dem Weißwein einen Sud herstellen. Zwischenzeitlich den Aal enthäuten und in kleine Portionen zerkleinern. Den Fisch danach im fertig hergestellten Sud durchgaren (5–6 Min.) und anschließend sämtliches Fett und die Gräten entfernen. Die Gelatine in kaltem Wasser einweichen und im heißen Sud auflösen. Durch schichtweises Einfüllen in die **Aspikform** erreicht man, dass die einzeln eingelegten Fleischstücke sowie der Dill nicht absinken können. Ist die Form zur Gänze gefüllt, wird sie ca. 24 Std. gut gekühlt und das Gericht bei Bedarf aus der Form gestürzt.

Karpfensülze ca. 1-l-Form

Grundrezept

500 g Karpfen, gekocht
450 ml Karpfensud
50 ml Essig
30 Blatt (45 g) Gelatine
Zitronensaft, Pfeffer, Salz

Herstellung

Karpfenstücke entgräten und mit Zitronensaft beträufeln. Gelatine in kaltem Wasser einweichen und in heißem Essig-Karpfen-Sud auflösen. Flüssigkeit mit Salz und Pfeffer abschmecken. Den Boden einer **Sülzenform** mit Gelierflüssigkeit bedecken und erstarren lassen. Karpfenstücke darauflegen und mit Gelierflüssigkeit aufgießen, bis alles bedeckt ist. Die Masse erstarren lassen.

Fisch-Gemüse-Sülze ca. 1,5-l-Form

Grundrezept

500 g Fischfleisch, gekocht und entgrätet
300 g Gemüse (Sellerie, Petersilienwurzel, Karotten, Erbsen)
Zitronensaft, Pfeffer, Salz
1 Zwiebel
250 ml Weißwein
250 ml Gemüsesud
30 Blatt (45 g) Gelatine

Herstellung

Zerpflücktes Fischfleisch und bissfest gekochtes, kleingeschnittenes Gemüse inklusive Zwiebel vermischen. Mit dem Weißwein, Gemüsesud und den Gelatineblättern eine Gelierflüssigkeit bereiten und den Boden der **Sülzenform** damit bedecken.

Die Fisch-Gemüse-Mischung daraufgeben und mit Gelierflüssigkeit abdecken. Die Sülze anschließend erstarren lassen und stürzen.

Russische Sülze ca. 1,5-l-Form (siehe Abb. S. 92)

Grundrezept

1 Schweinsstelze (Hintere)
½ Hendl
2 Schweinefüße
1 Karotte
1 Zwiebel
ca. 1,5 l Wasser
Salz und Pfeffer
3 Knoblauchzehen
2 Eier, hart gekocht
½ Bund Petersilie

Herstellung

Das Fleisch sorgfältig waschen, in einen geeigneten Topf geben und salzen, die geschälte Karotte und die ganze Zwiebel dazugeben und alles mit Wasser übergießen (das Fleisch sollte gerade mit Wasser bedeckt sein). Das Ganze mit einem Deckel verschlossen bei schwacher Hitze 1 Stunde kochen, danach noch 30 Minuten ziehen lassen (das Fleisch soll sich leicht vom Knochen lösen, die Suppe soll sich klebrig anfühlen).

Das vom Knochen gelöste Fleisch und die Schwarte klein schneiden.

Die Suppe vorsichtig durch ein Sieb abseihen und mit dem geschnittenen Fleisch und der Schwarte mischen und den klein geschnittenen Knoblauch hinzufügen.

Die Fleisch-Suppe-Mischung in die Form füllen und mit fein gehackter Petersilie und den in Scheiben geschnittenen Karotten und Eiern garnieren.

Die Sülze 12 Stunden im Kühlschrank erstarren lassen.

Pasteten und Streichwürste

Pasteten und Terrinen

Pate Paris

Grundrezept für 10 kg Masse
4 kg Schweineleber
6 kg Schweinebacken, entschwartet

Gewürze für 1 kg Masse
20 g Pökelsalz
10 g Zwiebeln, frisch
2 g Pfeffer
1 g Umrötehilfsmittel

Herstellung

Die Schweineleber wird sorgfältig von den anhaftenden Gallengängen befreit und kalt gestellt. Die Schweinebacken werden bei 80 °C angebrüht und wie die Leber kalt gestellt. Nur gut gekühltes Material lässt sich im Cutter sehr fein zerkleinern. Die Zwiebeln werden feinwürfelig geschnitten und im Schweineschmalz goldbraun angebraten. Sind alle Zutaten gut durchgekühlt, kommen sie in den Cutter und werden auf der höchsten Geschwindigkeitsstufe mit allen Gewürzen (außer Umrötehilfsmittel) feinst zerkleinert. Die Masse wird so lange zerkleinert, bis sich eine Temperatur von ca. 23–24 °C einstellt. Erst in den letzten Runden wird das Umrötehilfsmittel zugegeben und in die Masse eingemischt.

Nur gekühltes Material lässt sich im Cutter fein zerkleinern.

Als Formen werden hauptsächlich **Backformen aus Porzellan** verwendet. Diese werden mit einem gut gewässerten Schweinsnetz ausgelegt, das die eingefüllte Masse überspannen soll.

Die Pastete wird im Rohr bei 180 °C gebacken und muss danach auf ca. 40 °C wieder abkühlen. Pro Millimeter Durchmesser ergibt sich eine Bratdauer von 1,5 Minuten. Bei rechteckigen Formen wird die Diagonale dafür herangezogen. Die nach dem Abkühlen entstandenen Risse und Hohlräume können mit einem mit Aspik versehenen Bratensaft ausgegossen werden.

Zum Abschluss muss die Pastete auf mindestens 1 °C heruntergekühlt werden, um ihre endgültige Schnittfestigkeit zu erlangen.

Kalbfleischpastete

Grundrezept für 10 kg Masse

5 kg Kalbfleisch, sehnenfrei
3,2 kg Aufschnittgrundbrät
1,8 kg Speckplatten, dünn geschnitten

Gewürze für 1 kg Masse

20 g Pökelsalz für das Kalbfleisch und die Speckplatten
5 g Pistazien
2 g Pfeffer, weiß, gemahlen
2 g Paprikapulver
1 g Ingwer
0,5 g Koriander

Herstellung

Das sehnenfreie Kalbfleisch wird in 1-Zentimeter-Würfel geschnitten und mit dem Pökelsalz vorgesalzen (einen Tag). Aus vier Teilen Schweinefleisch mager, vier Teilen fetten Abschnitten und zwei Teilen Eis wird ein gut bindiges Aufschnittbrät hergestellt. Dieses kann mit einer Gewürzmischung abgeschmeckt werden, damit der Geschmack in der Pastete nicht allein vom Kalbfleisch getragen werden muss.

Die Kastenform wird vor dem Befüllen mit dünnen Speckplatten ausgelegt.

Das gepökelte Kalbfleisch wird zusammen mit den gehackten Pistazien und dem Aufschnittbrät gut durchmischt und in eine **Kastenform** gefüllt, die zuvor mit den dünnen Speckplatten ausgekleidet wurde.

Im Backrohr wird die Form dann bei 180 °C bis zu einer Kerntemperatur von 72 °C gebacken. Die Backdauer errechnet sich auch hier wieder wie folgt: Diagonale der Form x 1,5 Minuten = Backdauer.

Ist die Pastete vollständig erkaltet, kann sie aus der Form gestürzt und auf ein Tablett gelegt werden.

Champignonpastete

Grundrezept für 10 kg Masse
6,7 kg Aufschnittbrät
1,5 kg Champignons
1,8 kg Speckplatten, dünn geschnitten

Gewürze für 1 kg Masse
siehe „Kalbfleischpastete“

Herstellung
Wie bei der Kalbfleischpastete wird ein Aufschnittbrät aus magerem Schweinefleisch, fetten Abschnitten und Eis hergestellt. Die Champignons werden von anhaftendem Schmutz (bei frischer Ware) befreit und mit heißem Wasser übergossen. Danach sollen sie gut abtrocknen, um später nicht aus der fertigen Masse herauszufallen. Bei der Ummantelung der Pastete kann anstatt der Speckplatten auch geräucherter Speck verwendet werden. In diesem Fall ist es günstig, die Pastete nicht zu brühen, sondern sie schonend zu braten. Bei Speckplatten sollte die **Kastenform** mit einem passenden Deckel verschlossen und im Wasserbad gebrüht werden.

Die Champignons sollen vor der Beimischung gut abtrocknen.

Schinken-Käse-Pastete

Grundrezept für 10 kg Masse
4,1 kg Aufschnittbrät
3,4 kg Schweinefleisch, mager
1,5 kg Edamer Käse
1 kg Käseplatten, dünn geschnitten

Gewürze für 1 kg Schweinefleisch
20 g Pökelsalz
2 g Pfeffer, weiß, gemahlen
0,5 g Kardamom
2 g Knoblauchgranulat
1 g Umrötehilfsmittel

Herstellung
Das magere Schweinefleisch wird mit dem Pökelsalz vorgesalzen (einen Tag) und bei 80 °C durchgegart. Zusätzlich können zum Schweinefleisch gekochte Schinkenteile mitverwendet werden, die in ein Zentimeter große Würfel geschnitten worden sind. Aufgrund der etwas festeren Konsistenz des Käses empfiehlt es sich, die Würfel etwas kleiner zu schneiden. Die gesamte Masse wird gut durchgemischt und in eine Form gebracht. Auf der Ober- und Unterseite können dünn geschnittene Käseplatten die Pastete abschließen.

Die Brühzeit ist gleich der der anderen Pasteten. Es lohnt sich jedoch immer, die Kerntemperatur mit einem Stichthermometer zu kontrollieren.

Der Käse sollte in kleinere Würfel geschnitten werden als das Fleisch.

Italienische Pastete

Grundrezept für 10 kg Masse

6,7 kg Kalbsleberwurst-masse
3 kg Aufschnittbrät
0,3 kg Sardellen

Gewürze für 1 kg Masse

sind in den beiden Massen bereits enthalten

Herstellung einer Kalbleberwurstmasse

Für die Kalbsleberwurstmasse benötigt man

4 Teile Schweineleber
5 Teile Schweinewammen
1 Teil Kalbfleisch

Die Wammen und das Kalbfleisch werden mit 20 g Pökelsalz vorgesalzen und durchgegart. Bei der Schweineleber sind sämtliche Gallengänge zu entfernen und im Cutter ohne jeglichen Zusatz blasig zu cuttern.

Bilden sich bei der Leber die ersten Bläschen, wird das Pökelsalz untergehoben. Die gallertartige Lebermasse wird zusammen mit den gegarten Zutaten kalt gestellt. Im gut gekühlten Zustand wird die gesamte Masse mit den ganzen Gewürzen feinst zerkleinert und bis auf eine Endtemperatur von 24 °C gecuttert.
Aufschnittbrät: siehe „Kalbfleischpastete“

Herstellung
Die Kalbsleberwurstmasse und das Aufschnittbrät werden zu einer gleichmäßigen Masse vermengt.

Um eine zu salzige Note durch die Sardellen zu vermeiden, kann man diese vor dem Einmischen noch mit heißem Wasser abspülen. Nach dem Abtrocknen werden auch die Sardellen unter die Masse gehoben.

Die Sardellen vor dem Einmischen mit heißem Wasser abspülen.

Das Ganze wird in eine mit **Speckplatten ausgelegte Form** gefüllt und im Wasserbad gebrüht.

Wildententerrine

Grundrezept
2 Wildenten
1 Bund Suppengemüse
1 g Majoran
150 ml Obers
2 Eier
Kräuter (Petersilie, Basilikum)
Salz, Pfefferkörner, Pfeffer, gemahlen

Herstellung
Enten vierteln und mit Wurzelgemüse und Pfefferkörnern eine Stunde kochen, dann im Sud erkalten lassen. Fleisch auslösen und mit dem Wurzelgemüse, den Eidottern, dem Obers, Majoran und den Kräutern im Mixer pürieren und anschließend mit Pfeffer und Salz abschmecken. Aus den zwei Eiklar Schnee schlagen und mit gekochter Petersilie und Basilikum unter die Masse ziehen.

Die Masse in eine **Terrinen- oder Pastetenform** füllen und im Wasserbad eine Stunde garen.

Terrine im Speckmantel für 1-l-Form

Grundrezept

600 g gekochtes Putenfleisch (oder anderes Geflügel)
50 ml Obers
20 ml Weinbrand
2 Eier
250 g Speck für den Speckmantel, dünn geschnitten
Salz, Pfeffer, Liebstöcklsalz

Herstellung

Fleisch durch den Fleischwolf drehen, anschließend im Mixer mit den restlichen Zutaten gut durchmischen und abschmecken. **Pastetenform** mit Speck auslegen, Masse einfüllen und mit überhängendem Speck abdecken. Im Wasserbad eine Stunde fertiggaren und erkalten lassen.

Räucherfisch-Terrine für ca. 1-l-Form

Grundrezept

800 g geräucherter Fisch
150 ml Obers
3 Eiweiß
Dill, Butter, Pfeffer

Herstellung

Das entgrätete Fischfleisch mit Obers und dem Eiweiß im Mixer pürieren, feingeschnittenen Dill dazugeben und mit Pfeffer würzen. Die Masse in eine ausgebutterte Form geben und im Wasserbad erhitzen. Anschließend auskühlen lassen und stürzen.

Streichwürste

Feine Leberwurst

Grundrezept für 10 kg Masse

3 kg Schweinsleber, roh
2 kg Schweinefleisch mit höherem Sehnenanteil und maximal 5 % sichtbarem Fett, vorgesalzen und -gegart
3 kg Schweinebauch ohne Schwarte mit maximal 50 % sichtbarem Fett, vorgesalzen und -gegart
2 kg weiches Fett, vorgegart

Gewürze für 1 kg Masse

18 g Nitritpökelsalz
2 g Pfeffer
1 g Majoran, gemahlen
0,5 g Piment
0,5 g Mazis
0,3 g Kardamom
1 g Farbstabilisator
10 g Zwiebeln, Rohgewicht

Wursthüllen: Mitteldärme, Kal. 60/65
Garzeit: 75 Minuten bei 80 °C
Alternative: Sterile Kunstdärme, Kal. 60/65
Garzeit: 60 Minuten bei 80 °C

Kalbsleberwurst

Grundrezept für 10 kg Masse	*Gewürze für 1 kg Masse*
4 kg Schweinsleber, roh	**18 g Nitritpökelsalz**
5 kg Wammen ohne Schwarte, mittelfest, vorgesalzen, -gegart	**2 g Pfeffer**
1 kg Kalbfleisch mit höherem Sehnenanteil und maximal 5 % sichtbarem Fett, vorgesalzen und -gegart	**0,5 g Ingwer**
	0,3 g Kardamom
	0,5 g Mazis
	0,1 g Vanille
	2 g Bienenhonig
	1 g Farbstabilisator
	50 g Zwiebeln (Rohgewicht)

Wursthüllen: Mitteldärme, Kal. 60/65
Garzeit: 75 Minuten bei 80 °C

Leberwurst, einfach

Grundrezept für 10 kg Masse	*Gewürze für 1 kg Masse*
2,1 kg Schweineleber, roh	**18 g Nitritpökelsalz**
1,1 kg Kopf ohne Knochen, gekocht	**3 g Pfeffer**
3,3 kg weiches Fett (Fettwamme), vorgegart	**3 g Majoran**
1 kg Schwarten, gepökelt und gekocht	**0,5 g Mazis**
1 kg Gelingefleisch	**0,5 g Ingwer**
1 kg Schweinelunge, vorgesalzen und gegart	**40 g Zwiebeln (Rohgewicht)**
0,5 kg Schweineherz, geputzt, gepökelt, vorgesalzen und -gegart	

Wursthüllen: Schweinekrausen
Garzeit: 60 Minuten bei 80 °C

Rohwürste

Kantwurst

Grundrezept für 10 kg

3 kg Rindfleisch II
4 kg Schweinefleisch I
3 kg Speck

Gewürze für 1 kg Masse

28 g Nitritpökelsalz
10 g Gewürzmischung „Kantwurst"
1 g Starterkulturen
Knoblauchgranulat je nach Geschmack

Herstellung

Die Hälfte des Rindfleisches II wird durch die 3-Millimeter-Scheibe gewolft. Das restliche Rindfleisch sowie das Schweinefleisch und der Speck werden auf einem Tablett tiefgefroren.

Zuerst den gefrorenen Speck cuttern, dann das gewolfte Rindfleisch dazu geben.

Zu Beginn wird der gefrorene Speck im Cutter 4–5 Runden bei mittlerer Geschwindigkeit geschnitten. Dann wird das gewolfte Rindfleisch sowie das restliche Material in den Cutter gegeben und auf die gewünschte Körnung gecuttert (3–4 Millimeter). Die Gewürze und das Salz sollten erst in den letzten 2–3 Runden der Masse beigemengt werden. Die fertig gecutterte Masse wird, falls nötig, im Mischgang so lange gemischt, bis sie sich zu Ballen formen lässt.

Die fertige Masse sollte nun rasch in einen **vorgewässerten Naturindarm** luftfrei gefüllt werden. Anschließend werden die gefüllten Stangen bei einer Temperatur von 18 °C 5–6 Tage lang gepresst. Nach dem Pressen sollten die Würste eine zart rosa Farbe haben. Die Kantwurst wird zum Abschluß in Intervallen bei <22 °C bis zur gewünschten Räucherfarbe geräuchert.

Die Trocknung erfolgt bei ca. 14 °C und einer rel. LF von 85 % bis zum gesetzlich vorgeschriebenen Trockenverlust.

Landjäger

Grundrezept für 10 kg
4,5 kg Rinderrippe mit ca. 15 % sichtbarem Fett
5,5 kg Schweinefleisch, durchwachsen (magere Bäuche entschwartet)

Gewürze für 1 kg Masse
28 g Nitritpökelsalz
10 g Gewürzmischung „Landjäger"
1 g Starterkulturen
Pfeffer, weiß, gemahlen
Knoblauchgranulat je nach Geschmack

oder Gewürze für 1 kg
28 g Nitritpökelsalz
3 g Pfeffer, weiß, gemahlen
0,5 g Knoblauch, frisch
0,5 g Kümmel, gestoßen
1 g Starterkulturen

Herstellung

Das gefrorene Rindfleisch sowie das Schweinefleisch auf eine Körnung von 3–4 Millimeter mit den Starterkulturen cuttern. In den letzten 2–3 Runden werden die Gewürze bzw. das Nitritpökelsalz der Masse beigemengt und wieder so lange gemischt, bis sich Ballen formen lassen. Die Endtemperatur nach dem Cuttern sollte zwischen –2 °C und 0 °C liegen.

Gefüllt wird die Masse in **Schweinssaitlinge,** Kal. 28/30 oder 30/32 und paarweise zu ca. 150 g portioniert. Die Würste werden in einer Landjägerpresse 3–4 Tage bei einer Temperatur von 12–14 °C eingepresst liegen gelassen. Bei kleineren Mengen kann dies auch in kleinen Fleischkisten erfolgen, die mit Deckeln verschlossen und mit Gewichten beschwert werden. Die paarweise abgetrennten Würste werden auf Selchstangen aufgehängt und über Nacht abgetrocknet. Als günstig hinsichtlich Oberflächenverkeimung hat sich das Abschwemmen mit kochend heißem Wasser erwiesen. Die Würste dürfen jedoch nur kurz mit dem Wasser in Berührung kommen. Im völlig trockenen Zustand werden sie anschließend im Kaltrauch bei etwa 20 °C fertig geräuchert.

Die Würste in einer Landjägerpresse 3–4 Tage liegen lassen.

Kärntner Rohwürstel (Kaminwurzn)

Grundrezept für 10 kg

3 kg Rindfleisch I

5 kg Schweinefleisch II

2 kg Speck, gewürfelt

Gewürze für 1 kg Masse

26–28 g Nitritpökelsalz

10 g Gewürzmischung „Kaminwurzn"

1 g Starterkulturen

Pfeffer, weiß, gemahlen

Knoblauchgranulat je nach Geschmack.

Herstellung

Der Mischvorgang kann in einer Misch- oder Knetmaschine erfolgen.

Das Rindfleisch und das Schweinefleisch werden leicht angefroren. Das Rindfleisch durch die 3-Milimeter-Scheibe und das Schweinefleisch durch die 5-Millimeter-Scheibe wolfen und mit dem würfelig geschnittenen Speck (6–8 Millimeter) vermischen. Der Mischvorgang kann hier in einer Misch- bzw. Knetmaschine erfolgen. Hierfür kommen die gesamten Gewürze mit dem Salz zu Beginn des Mischens dazu. Gemischt wird, bis sich die Masse zu Ballen formen lässt. Zu langes Mischen kann die Bindungsfähigkeit des Eiweißes nachteilig beeinträchtigen. Die fertige Masse kann sowohl in **Naturindärme,** Kal. 65/50, oder auch in **Schweinssaitlinge,** Kal. 30/32, gefüllt werden. Nach der 24-stündigen Reifung bei 20 °C werden die Würste kaltgeräuchert und bei 16 °C und einer Luftfeuchtigkeit von 75 % gelagert. Wird die Masse in Stangen gefüllt, verlängert sich die Umrötephase um weitere 24 Stunden.

Cervelat

Grundrezept für 10 kg Masse

2 kg Rindfleisch II, frisch, 3 mm, gewolft
2 kg Rindfleisch II, gefroren
3 kg Schweinefleisch, mager, gefroren
3 kg Speck, gefroren

Gewürze für 1 kg Masse

28 g Nitritpökelsalz
10 g Gewürzmischung „Salami"
1 g Starterkulturen
Pfeffer, weiß, gemahlen
Knoblauchgranulat je nach Geschmack

Herstellung

Die gefrorenen Zutaten im Cutter (mit dem Speck beginnend) bis auf eine Körnung von 5 Millimeter cuttern. Das vorgewolfte Fleisch bzw. die Gewürze mit dem Pökelsalz zugeben und fertig auf die Körnung von 3–4 Millimeter schneiden. Lässt sich die Masse zu Ballen formen, wird sie in **Faserdärme** gefüllt und drei Tage einer Reifung bzw. Rötung unterzogen. Dies findet bei einer Temperatur von 20–24 °C statt. Nach Erreichen einer stabilen Rauchfarbe wird die Cervelatwurst in mehreren Rauchschüben kaltgeräuchert und bei 18 °C getrocknet.

Die Rötung im Darm findet bei einer Temperatur von 20–24 °C statt.

Zur Geschmacksabrundung kann der Cervelatwurst beim Cuttervorgang auch noch Cognac bzw. Rotwein beigemengt werden.

Ungarische Salami

Grundrezept für 10 kg Masse
7,2 kg Schweinefleisch I
2,8 kg Speck

Gewürze für 1 kg Masse
28 g Nitritpökelsalz
8 g Gewürzmischung „Ungarische Salami“
1 g Starterkulturen
Knoblauchgranulat je nach Geschmack

Herstellung

Den gefrorenen Speck 2–3 Runden im Cutter vorcuttern und gemeinsam mit dem gefrorenen Schweinefleisch I auf eine Körnung von 4 Millimeter cuttern. Die Verarbeitungstemperatur sollte im Bereich von –8 °C liegen. Auf eine gute Bindigkeit der Masse ist zu achten. Die fertige Masse kann sowohl in P-Därme (Pferdedarm) oder in **Naturindärme** gefüllt werden.

Nach einer Reifezeit von 72 Stunden werden die Würste mit Edelschimmelkulturen beimpft.

Nach einer Reifung von ca. 72 Std. bei 18 °C werden die Würste mit Edelschimmelkulturen beimpft. (Besprühen oder Tauchen in eine Lösung, die Edelschimmelkulturen beinhaltet.) Diese Edelschimmel-

Salami mit Naturbelag

kulturen beginnen sich bei einer Temperatur von 22–24 °C und einer Luftfeuchtigkeit von 85–90 % zu vermehren und bilden somit den weißen Belag auf der Außenseite der Wurst. Vor der Beimpfung empfiehlt es sich, die Würste kurz mit kochend heißem Wasser abzuspritzen (Oberflächendesinfektion!). Sollten sich wider Erwarten fremde Schimmelkulturen bilden, so können diese durch Absenken der Luftfeuchtigkeit ausgetrocknet werden. Die Schimmelbildung auf der Oberfläche ist jedoch stets im Auge zu behalten, um ein erneutes Auftreten von fremden Schimmelkulturen zu vermeiden.

Vor dem Beimpfen die Wurst mit heißem Wasser abspritzen!

Knoblauchwürstchen

Grundrezept für 10 kg Masse

2,8 kg Rindfleisch II
4,2 kg Schweinefleisch I
3 kg Schweinebäuche, mager

Gewürze für 1 kg Masse

28 g Nitritpökelsalz
10 g Gewürzmischung „Knoblauchwürstchen“
Knoblauchgranulat je nach Geschmack

Herstellung

Das Rindfleisch II wird frisch durch die 3-Millimeter-Scheibe gewolft. Die angefrorenen Bäuche (entschartet) durch die 8-Millimeter-Scheibe bzw. das Schweinefleisch I durch die 10-Millimeter-Scheibe gewolft. Anschließend wird die Masse in der Mischmaschine unter Zugabe der Gewürze und Zutaten gut abgemischt. Das fertige Gemisch wird in **Schweinssaitlinge,** Kal. 30/32, gefüllt und paarweise abgedreht. Bei 20 °C umröten lassen und abschließend bei 18 °C kalträuchern. Bei den Knoblauchwürstchen kann die Knoblauchnote ohne Weiteres in den Vordergrund treten.

Nach dem Umröten werden die Würstchen bei 18 °C kaltgeräuchert.

Kümmelwurst

Grundrezept für 10 kg Masse

2 kg Rindfleisch, entsehnt
4 kg Schweinefleisch, entsehnt
4 kg Rückenspeck, entschwartet

Gewürze für 1 kg Masse

30 g Nitritpökelsalz
1 g Starterkulturen
2–3 g Pfeffer, weiß, gemahlen
0,3 g Kümmel, gemahlen
1 g Knoblauch, frisch

Herstellung

Rindfleisch fein schneiden, restliches Material grob untermischen.
Wursthüllen: Rinderkranzdärme, Kal. 46+

Luftgetrocknete Salami nach Kärntner Art

Sommersalami

Grundrezept für 10 kg Masse

3,1 kg Rindfleisch ohne Sehnen
3,1 kg Schweinefleisch ohne Sehnen
3,8 kg Schweinebauch ohne Schwarte, nicht zu fett

Gewürze für 1 kg Masse

30 g Nitritpökelsalz
1 g Starterkulturen
4 g Pfeffer, weiß, gemahlen
1 g Koriander
0,5 g Muskat

Herstellung

Rindfleisch 1-Millimeter-Körnung, Schweinefleisch und Speck 3-Millimeter-Körnung

Wursthüllen: Hautfaserdärme, Kal. 60/50

Rohpolnische

Grundrezept für 10 kg Masse

5 kg mageres Rindfleisch
5 kg magerer Schweinebauch

Gewürze für 1 kg Masse

23 g Nitritpökelsalz
3 g Pfeffer, schwarz, gemahlen
3 g Pfeffer, schwarz, geschrotet
5 g Knoblauchgranulat
1 g Koriander

Herstellung

Die Schweinebäuche und das Rindfleisch gut anfrieren und auf der 4-Millimeter- bzw. 3-Millimeter-Scheibe wolfen und mit den Gewürzen gut durchmischen.

In **Schweinssaitlinge** füllen und zu 100-g-Paaren abdrehen. Mindestens drei Tage im Reifescharnk reifen lassen und anschließend in zwei Durchgängen kalt räuchern.

Jägersalami

Grundrezept für 10 kg Masse
7 kg Wildfleisch, mager, sehnenfrei
3 kg kerniger Rückenspeck vom Schwein

Gewürze für 1 kg Masse
24 g Nitritpökelsalz
4 g Pfeffer, schwarz, gemahlen
3 g Zucker
3 g Knoblauchgranulat
1 g Koriander
Rotwein zum Abschmecken

Herstellung
Das magere Wildfleisch und den Rückenspeck anfrieren und durch die 3-Millimeter-Scheibe wolfen.

Mit den Gewürzen gut vermischen und mit etwas Rotwein abschmecken. Die kalte Masse in **Faserdärme** luftfrei füllen und reifen lassen.

Jägersalami wird mit etwas Rotwein abgeschmeckt.

Nach der Reifung kann die Salami gegebenfalls noch kalt geräuchert werden.

Für die Jägersalami kann auch Fleisch von bereits älteren Wildtieren verwendet werden.

Hirtensalami

Gewürze und Zutaten wie bei der Jägersalami

Herstellung
Anstatt des Wildfleisches wie bei der Jägersalmi wird hier mageres Schaffleisch bzw. Ziegenfleisch verwendet. Der Speck wird durch die 5-Millimeter-Scheibe und das Fleisch durch die 3-Millimeter-Scheibe gewolft. Die restlichen Verarbeitungsschritte sind wieder mit der Jägersalami ident.

Tipp:

Je höher der Frischluftanteil beim Räuchern ist, umso milder ist der Geschmack des Rauches.

Das Rindfleisch kann auch durch andere Fleischsorten ersetzt werden.

Mettwurst (streichfähig)

Grundrezept für 10 kg Masse
4 kg Schweinefleisch, fett (Griffe und Speck)
4 kg Schweinefleisch, mager
2 kg Rindfleisch, durchwachsen

Gewürze für 1 kg Masse
26 g Kochsalz
Gewürzmischung „Mettwurst“
Reifekulturen laut Gebrauchsanweisung

Herstellung
Das gesamte Material durch die 2-Millimeter-Scheibe wolfen und in der Tiefkühltruhe leicht anfrieren. Das angefrorene Material gemeinsam mit den Reifekulturen und Gewürzen fein zerkleinern und gegen Ende das Kochsalz untermischen. Einen Tag bei 20–24 °C umröten lassen und bis zur gewünschten Farbe kalträuchern.

Nach dem Umröten kalt räuchern!

Wursthüllen: Mettwurst-Därme Cello transparent, Kal. 38/20

Grobe Mettwurst (streichfähig)

Grundmasse für 10 kg Masse
6,5 kg Rindfleisch, mager und/oder Schweinefleisch
3,5 kg Griffe und Speck

Gewürze für 1 kg Masse
Gewürzmischung „ Mettwurst“

Herstellung siehe „Mettwurst“, Körnung 4–6 Millimeter
Wursthüllen: Cellodärme transparent für grobe Mettwurst, Kal. 47/25

Grobe Mettwurst

Fehler und Ursachen bei der Wurstherstellung

Brühwürste

Zu weiches Endprodukt:

- der Bindegewebsanteil ist zu gering
- zu intensive Zerkleinerung des Rohmaterials
- zu lockeres Füllen der Wursthüllen

Gelee bzw. Fett setzt sich ab:

- zu geringer Salzgehalt
- zu geringer Phosphatanteil in der Rezeptur
- zu starke Erwärmung des Produktes beim Cuttern, Füllen bzw. Brühen
- zu hoher Gehalt an Fett und Bindehäuten in der Rezeptur
- schlechte Schneide bei Wolf und Cutter

Schlechte Farbentwicklung:

- Verarbeitung von PSE-Fleisch
- zu geringe Umrötezeit
- Unterdosierung des Umrötehilfsmittels
- Verarbeitung von Rohmaterialien minderer Qualität

Zu helle Räucherfarbe:

- zu geringe Umrötezeit
- mangelndes Abtrocknen der Würste
- zu feuchtes Klima in der Räucherkammer

Zu dunkle Räucherfarbe:

- zu lange Räucherzeit oder -temperatur
- zu trockenes Klima in der Räucherkammer
- zu hoher Anteil an dunkelfarbigem Fleisch (Rindfleisch)

Weiße Flecken auf den Würstchen:

- schlechte Abtrocknung der Würste
- zu heißes Trocknen = Austritt von Fett!
- Salzflecken durch schlechtes Wässern der Naturdärme

Faltenbildung:

- schlechtes Auswässern der Naturdärme
- zu lockeres Füllen der Wursthüllen
- zu langes Trocknen
- zu langes Räuchern
- zu trockene Lagerung der Endprodukte

Kochwürste

Zu weiche Konsistenz:

- zu hoher Brühenanteil
- Ausgangsmaterial wurde zu lange und zu stark erhitzt → zerkocht!
- zu geringer Schwartenanteil

Zu feste Konsistenz:

- Ausgangsmaterial wurde zu wenig gekocht
- zu hoher Schwartenanteil

Schlechte Umrötung:

- Ausgangsmaterial wurde zu kurz gepökelt
- zu geringer Salzgehalt beim Pökeln
- Verwenden von Fleisch mit Gefrierbrand

Dunkle Farbe:

- Leber- bzw. Blutanteil zu hoch
- zu geringer Pökelsalzgehalt
- Verwenden von Kochsalz anstatt Pökelsalz

Bitterer Geschmack:

- Leber von Gallengängen unzureichend befreit
- zu hoher Leberanteil

Sülzen

Geleetrübung:

- Fleisch wurde vor dem Mischen mit dem Aspik zu wenig mit heißem Wasser abgespült

Fader Geschmack:

- Aspik wurde in die Gewürzberechnung nicht miteinbezogen

Rohwürste

Zu weiches Endprodukt:

- zu geringer Salzgehalt
- zu hohe Verarbeitungstemperaturen
- zu hoher Fülldruck = Entstehen eines Schmierfilms unter der Wursthülle, der die Abtrocknung verhindert
- zu feuchtes Lagern der Würste → keine Abtrocknung!
- Wursthüllen unzureichend gewässert

Bilden eines harten Randes:

- zu rasches Abtrocknen → Wurst verschließt sich
- zu warme Räucherung → Bildung einer Fettschicht, die die Wasserabgabe verhindert

Zu geringe Schnittfestigkeit:

- zu starke Erwärmung bei der Herstellung
- zu hoher Anteil an freiem Wasser im Produkt (PSE-Fleisch)
- zu weiches Füllen der Wursthüllen

Schlechte Farbentwicklung:

- Verarbeitung von zu hellem Fleisch
- (PSE-Fleisch)
- Pökelsalzgehalt zu gering
- zu geringer Anteil der Umrötehilfsmittel
- zu geringe Temperatur bei der Reifung
- Zerstörung der Muskelfarbe durch übermäßigen Lichteinfluss

Dunkle Randentwicklung:

- zu frühes und zu warmes Räuchern von unreifen Würsten

Wursthaut hebt sich beim Trocknen vom Füllgut ab:

- zu trockenes Klima in der Trocknungskammer
- Hülle geht mit der Masse nicht mit
- zu magere Rezeptur → zu rasche Abtrocknung

Ungewollte Schimmelbildung:

- schlechte Luftqualität
- zu hohe Luftfeuchtigkeit in der Trockenkammer

Auszug aus dem Österreichischen Lebensmittelbuch

Fleischwaren

Definition und Bezeichnung

Fleischwaren sind Produkte, die unter Verwendung von Fleisch hergestellt und einer über die Behandlung von frischem Fleisch hinausgehenden Be- oder Verarbeitung unterzogen worden sind. Zu den Fleischwaren zählen sowohl Produkte, die fast zur Gänze aus Fleisch bestehen, wie beispielsweise Pökelwaren, Würste und Nur-Fleisch-Konserven, wie auch solche, die einen wesentlichen Fleischanteil besitzen, wie Fleischgerichte und Gerichte mit Fleisch.

Würste

Beschreibung

Unter Würsten werden Fleischwaren verstanden, die aus zerkleinertem Skelettmuskelfleisch und Fettgewebe (in der Regel Speck) unter Zusatz von Kochsalz und Gewürzen, bei bestimmten Wurstsorten auch unter Mitverwendung von Innereien, Blut, Salzstoß, Schwarten sowie unter Zusatz von Trinkwasser (Eis) im Sinne des Codexkapitels B 1 und anderen, noch näher zu bezeichnenden Hilfs- und Zusatzstoffen hergestellt werden. Anstatt Speck wird auch Pflanzenfett oder -öl unter Deklaration verwendet.

Die Wurstmasse wird in natürliche (Därme u. dgl.) oder künstliche Wursthüllen oder in Formen oder in Behältnisse abgefüllt und in der Regel weiteren, für die betreffende Wurstsorte charakteristischen Behandlungen (Räuchern, Erhitzen, Trocknen, Reifen) unterzogen.

Würste werden nach ihrer Zusammensetzung in Brätwürste, Fleischwürste sowie Innereien-, Blut- und Sulzwürste eingeteilt.

Nach dem Herstellungsverfahren unterscheidet man zwischen Brühwürsten, gebratenen Würsten, rohen Bratwürsten, Kochwürsten und Rohwürsten. Eine weitere Einteilung ergibt sich durch Art und Menge des verwendeten Ausgangsmaterials (z. B. fettarme Würste) und zum Teil auch durch die Art und das Ausmaß der Behandlung (z. B. Dauerwürste).

Würste werden aus tauglichem Fleisch von nach dem Fleischuntersuchungsgesetz untersuchten Tieren hergestellt. Bei Würsten, die ganz oder teilweise aus Fleisch von anderen Tieren als Rind, Kalb oder Schwein hergestellt werden, muss die Tierart aus der Deklaration eindeutig hervorgehen.

Fleisch, das lediglich auf Trichinen untersucht worden ist, ist nicht dem tauglichen Fleisch untersuchungspflichtiger Tiere gleichzusetzen.

Knochen, Knorpel (Kehlkopf, Luftröhre u. dgl.) sowie Nackenband, große Gefäßstämme, Harnblase, Darmfett, Därme und Rindergekröse – ausgenommen Kalbsgekröse –, Hirn, Rückenmark und Milz werden auch bei Innereienwürsten der Wurstmasse nicht zugesetzt.

Einteilung des Wurstfleisches

Rindfleischsorten

Rindfleisch, Spitzenqualität

Knöpfel ohne Wadschinken, Englischer ohne Rostbraten, ferner Dicke Schulter, jeweils gut entsehnt.

Rindfleisch I

Knöpfel ohne Wadschinken, Englischer ohne Rostbraten, ferner Dicke Schulter, jeweils von den groben Sehnen befreit; oder Rindfleisch II, gut entsehnt.

Rindfleisch II

Schulter ohne Dicke Schulter und ohne Wadschinken, Vorderes und Hinteres Ausgelöstes sowie Rostbraten oder ausgebeinte ganze Tiere ohne Ortschwanzel (Schale), ohne Englischen und ohne Kopf oder ganze Vorderviertel, jeweils von den groben Sehnen befreit.

Rindfleisch III
Bindegewebsreiches Fleisch wie Platte, Wadschinken, Spitz und Brust, Schlund ohne Schleimhaut, Knochenputz sowie Kopffleisch. Nicht zum Kopffleisch gehören Flotzmaul, harter Gaumen und die seitliche papillenförmige Mundschleimhaut. Das Flotzmaul wird in geputztem Zustand bei der Wurstherstellung nur für bestimmte Innereien- und Sulzwürste verwendet. Unter Rindfleisch III im Sinne der Herstellungsrichtlinien ist eine Mischung der genannten Teile zu verstehen, wie sie bei der handwerksmäßigen Zerlegung eines Rindes anfallen. Beim Entsehnen des Fleisches für die Wurstherstellung werden auch die groben Fettgewebsteile in handwerksüblicher Weise entfernt.

Kalbfleisch
Einteilung sinngemäß wie Rindfleisch.

Pferdefleisch
Einteilung sinngemäß wie Rindfleisch.

Schweinefleisch
Muskelfleisch ganzer Tiere ohne Kopf sowie ohne Stelzen und Füße, von groben Sehnen und weitgehend von Speck befreit. Kopffleisch und Stelzenfleisch ohne Schwarten werden wegen des hohen Gehaltes an Bindegewebe als Wurstfleisch nur für bestimmte Wurstsorten verwendet.

Speck ist das unter der äußeren Haut liegende Fettgewebe des Schweines. Speck wird für die Wursterzeugung mit der handwerklich zumutbaren Sorgfalt entschwartet. Hinsichtlich der unterschiedlichen Fettgehalte von Speck siehe auch B. 4. 1. 4.

Brät
Brät ist ein durch intensive Zerkleinerung von Fleisch unter Schüttung von Wasser (Eis) und Zusatz von Nitritpökelsalz oder Kochsalz und Salpeter („rotes Brät") oder unter Zusatz von Kochsalz („weißes Brät") hergestelltes Zwischenprodukt bei der Fleischwarenherstellung. Bei der Brätherstellung geht unter dem Einfluss der Salze Muskeleiweiß in Lösung, wodurch bei der späteren Erhitzung die zusammenhängende Koagulation unter Einschluss des Fettes und des Wassers gewährleistet wird. Zur Unterstützung dieser Vorgänge können Zusatzstoffe zugesetzt werden. Je nach der verwendeten Fleischsorte gibt es verschiedene Brätarten.

Brätwürste

Diese werden aus Brät unter Beimengung von fein zerkleinertem Speck hergestellt.

Fleischwürste

Diese enthalten mehr oder weniger grob zerkleinertes, gepökeltes Fleisch und je nach Wurstsorte auch mehr oder weniger grob zerkleinerten Speck, wobei in der Regel der Zusammenhalt der Fleischeinlage durch Brät gewährleistet wird.

Rohe Bratwürste

Diese sind roh zum Verkauf gelangende Wurstwaren, die aus Schweine- oder Kalbfleisch und Speck sowie unter Zusatz von Kochsalz oder Nitritpökelsalz sowie Gewürzen hergestellt, nicht getrocknet und in der Regel nicht geräuchert werden.

Um die entsprechende Bindung zu gewährleisten, kann auch Brät zugesetzt werden. Solche Bratwürste sind nicht zum Rohverzehr bestimmt, sondern werden unmittelbar vor dem Genuss erhitzt (gebraten oder gebrüht). Rohe Bratwürste sind in mikrobiologischer Hinsicht sehr leicht verderblich und könnten daher nach kurzer Zeit eine unmittelbare Gefahr für die menschliche Gesundheit darstellen. Sie sind bis spätestens am Abend des Tages nach der Herstellung an Letztverbraucher zu verkaufen. Zu diesem Zeitpunkt sind nicht verkaufte rohe Bratwürste in einen solchen Zustand zu versetzen, dass die Abgabe als rohe Bratwürste nicht mehr möglich ist (z. B. durchgehende Erhitzung).

Kochwürste

Kochwürste sind Wurstwaren, die vorwiegend aus vorgekochtem, teils auch gepökeltem Ausgangsmaterial unter Zugabe von Kochsalz und Gewürzen hergestellt und dann nochmals einer feuchten Erhitzung, eventuell auch einer Räucherung unterzogen werden. Als Ausgangsmaterial dienen Fleisch, Fettgewebe und je nach Art Innereien, Blut, Schwarten, Semmeln, Graupen u. dgl. In der Regel werden Leber und Fettgewebe lediglich vorgebrüht, Blut wird stets roh verarbeitet. Bei Kochwürsten wird der Zusammenhalt des fertigen Produktes entweder durch erstarrtes Fett (Streichwürste) oder durch gelatiniertes Kollagen (Sulzen) oder durch hitzekoaguliertes Bluteiweiß (Blutwürste) erzielt. Kochwürste besitzen in der Regel eine geringe Haltbarkeit und sind daher einem entsprechend baldigen Verbrauch zuzuführen.

Rohwürste

Rohwürste werden aus rohem Fleisch und Speck unter Zugabe von Salpeter und Kochsalz oder Nitritpökelsalz sowie Umrötehilfsmitteln, Zucker- und Zuckerarten und Gewürzen hergestellt und gelangen in der Regel in unerhitztem Zustand zum Verzehr. Es werden schnittfeste und streichfähige Rohwürste unterschieden.

Beschaffenheit

In diesen Richtlinien werden für die einzelnen Wurstsorten lediglich jene Ausgangsmaterialien nach Art und Menge angegeben, die für die erforderliche Beschaffenheit des fertigen Produktes charakteristisch sind.

Die Richtlinien sind beispielhafter Natur; gewisse Variationen sind möglich, sofern dadurch die Grenzwerte nicht unter- bzw. überschritten werden. Jedoch werden andere Tierkörperteile sowie andere Hilfs- oder Zusatzstoffe als angegeben nicht verwendet. Dies bedeutet, dass Fleisch der in den Herstellungsrichtlinien angegebenen Tierart durch Fleisch einer anderen Tierart unter Einhaltung der Grenzwerte ersetzt werden kann (siehe auch B. 2. 1. 3)

Wasserzusatz

Hinsichtlich des Wasserzusatzes bei Brühwürsten ist zu bemerken, dass dieser in Bezug auf einen bestimmten Wassergehalt des Endproduktes nicht exakt festgelegt werden kann, da auch bestimmte Behandlungsarten auf den Wassergehalt des Endproduktes Einfluss haben. Die in den Richtlinien angegebenen Wasserzusätze gelten nur unter der Bedingung, dass die Brüh-, Raucher- und Trocknungsverluste nicht geringer sind als bei der üblichen Herstellungsweise. So sind beispielsweise bei der Verwendung von wenig oder nicht wasserdampfdurchlässigen Wursthüllen oder bei verkürzten Räucherzeiten u. dgl. die Wasserzusätze entsprechend zu verringern, um eine Überschreitung des Grenzwertes für das Wasser : Eiweiß-Verhältnis zu verhindern.

Abtrocknung

Bei Würsten, für welche eine bestimmte Trocknung gefordert ist, wird diese durch stichprobenweises Wiegen von Würsten jeder einzelnen Herstellungscharge geprüft. Die Prüfung der Konsistenz der Würste durch Betasten ist keine geeignete Methode, um den Trocknungsgrad ausreichend exakt beurteilen zu können.

Speckzusatz

Die Zusatzmengen an Speck gelten für gemischten Speck. Bei ausschließlicher Verwendung von Rückenspeck sollen jeweils um 3 Teile weniger Speck als angegeben verwendet werden, da Rückenspeck sehr fettreich ist und daher bei Verwendung der angegebenen Speckmenge in Form von Rückenspeck eine Sicherheit für die Einhaltung des Grenzwertes für das Fett : Eiweiß-Verhältnis nicht mehr gegeben ist.

Bindegewebegehalt im Ausgangsmaterial

Hinsichtlich Auswahl und Bearbeitung ist grundsätzlich Fleisch entsprechend den Richtlinien dieses Kapitels für die betreffende Wurstsorte zu verwenden. Zusätze an bindegewebsreichem Material sind nur zulässig, wenn dies ausdrücklich in den Richtlinien angegeben ist. Wenn jedoch besser ausgeschnittenes Fleisch verwendet wird, als diese Richtlinien vorsehen, so darf lediglich das über das notwendige Ausmaß hinaus entfernte Bindegewebe nachträglich wieder zugesetzt werden.

Brühwürste
Brätwürste

Sorte 1 a): Pariser mit hervorhebender Bezeichnung; Frankfurter und andere Würstel mit hervorhebender Bezeichnung.

Sorte 1 b): Pariser;
Feine Extrawurst, Extrawurst in Stangen, Weißwurst in Stangen; Frankfurter, Wiener Würstel, Sacher-, Tee-, Cocktailwürstel und andere Würstel sowie Weißwürstel.

Sorte 2: Extrawurst im Kranz (rund), Knackwurst, Schübling, Salzburger, Dampfwürstel, Weißwurst;
Leberkäse, Fleischkäse; Augsburger; Münchner Weißwurst.

Sorte 3 a): Dürre im Kranz (rund), doppelt geräuchert.

Sorte 3 b): Dürre im Kranz (rund), Braunschweiger im Kranz (rund), Burenwurst, Oderberger und Klobassen.

Fleischwürste

Sorte 1 a): Schinkenwurst.

Sorte 1 b): Krakauer; Göttinger, Bierwurst, Bierkugel; Schweinskrainer, Schinkenwürstel u. dgl.;
Wiener Spezial.

Sorte 2 a): Polnische Spezial, Polnische mit hervorhebender Bezeichnung, Beskiden; Wiener, Mährische, Würste mit Fantasieabzeichnungen, Krainer, burgenländische Hauswürstel, Selchwürstel, Schweinswürstel u. dgl.; Mortadella; Lyoner, Aufschnittwurst; Schinkenleberkäse; Fleisch- oder Leberkäse nach bayrischer Art; Bratwürste, gebrüht oder roh, Rostbratwürste, Grillwürstel.

Sorte 2 b): Polnische; Tiroler; Käsewurst; Debreziner; Cabanossi, Bierstangerl u. dgl.

Sorte 2 c): Speckwurst.

Sorte 3 a): Waldviertler, Rauchwurst, Rauchdürre, im Kranz (rund) oder abgepasst; Dürre in Stangen, doppelt geräuchert.

Sorte 3 b): Jausenwurst, Braunschweiger, Dürre, alle in Stangen; Schweinskopfwurst.

Kochwürste

Pasteten

Schnittfeste Pasteten werden als Kasten- oder Tunnelpasteten hergestellt und mit Alufolie oder mit Speckplatten und Alufolie umhüllt. Streichfähige Pasteten und Cremes werden in der Regel in Gläsern, Tongefäßen oder als Konserven erzeugt.

Die streichfähigen Pasteten und Cremes sind von weicherer Konsistenz.

Schnittfeste Kochwürste

Bei diesen Produkten werden Zusammenhalt und Schnittfestigkeit durch Aspik oder Gelee bewirkt.

Sulzwürste

Sorte 1 a): Schinkenpresskopf.

Sorte 1 b): Presskopf und hervorhebend bezeichnete Sulzwürste.

Sorte 2: Presswurst (Schwartenmagen).

Sorte 3: Sulz, Haussulz, Geflügelsulz.

Streichfähige Kochwürste

Sorte 1: Kalbsleberstreichwurst, Gansleberstreichwurst, Gutsleberstreichwurst, feine Leberstreichwurst und Leberstreichwürste mit anderen hervorhebenden Bezeichnungen oder mit solchen, die auf ausländische Gebiete oder Orte hinweisen.

Sorte 2: Leberstreichwurst (eine Wortverbindung mit der Bezeichnung Leberstreichwurst darf keine Hervorhebung ausdrücken).

Sorte 3: Streichwurst (ohne zusätzliche Bezeichnung); Zwiebelstreichwurst. Grobe Streichwürste werden nur als Sorten 1 oder 2 erzeugt. Kalbsleberstreichwurst und Gansleberstreichwurst müssen mindestens 5 % Leber der namengebenden Tierart enthalten, wobei der Gesamtlebergehalt (Schweineleber plus Leber der namengebenden Tierart) mindestens 30 von 100 Teilen betragen muss.

Rohwürste

Salamiwürste

sind gereifte Rohwürste mit Reifungsflora, Reifungsaroma und Edelschimmelbelag.

Spitzensorte: Ungarische Salami und alle Salamiwürste, deren Bezeichnung oder Aufmachung auf Ungarn, Jugoslawien, Kroatien, Slowenien, Rumänien, Bulgarien, Italien, Frankreich oder die Schweiz hinweist.

Sorte 1 a): Jagdsalami, Touringsalami, Edelweißsalami und andere Salamiwürste ohne Hinweis auf ausländische Herstellungsweisen.

Sorte 1 b): Haussalami, Heurigensalami und Salami ohne weitere Bezeichnung, frische Salami.

Rohwürste ohne Belag

Schnittfeste Rohwürste

Sorte 1: Rohwürste mit einem Hinweis auf ausländische Herstellungsweisen in der Bezeichnung oder Aufmachung oder in Wortverbindung mit „Katen-“, „Schlack-“ oder „Schinken-“ und solche mit hervorhebender Bezeichnung; Debreziner Rohwurst und gleichsinnig bezeichnete Debreziner, Pusztawürstel.

Sorte 2: Plockwurst, Cervelatwurst, Jagdwurst, Kaminwurzen, Boxerl u. dgl., Knoblauchwurst, Frische Rohwurst, frische Hauswürstel und Kantwurst.

Sorte 3: Landjäger, Almjäger im Kranz (rund) oder abgepasst.

Pasteten-, Aufstrich- und Wurstkonserven

Gemeinsames Merkmal dieser Produkte ist die langfristige Haltbarkeit als Halb- oder Vollkonserven, was bei manchen Produkten die Verwendung von Milcheiweiß als Emulgator bei der Sterilisation notwendig machen kann.

Bei Pastetenkonserven unterscheidet man je nach Konsistenz zwischen schnittfesten und streichfähigen Produkten.

Werden in der Sachbezeichnung geschmackgebende Fleischsorten oder -teile genannt (z. B. „Leberpastete", „Zungenpastete", „Hasenpastete", „Rehpastete", „Geflügelleberpastete"), so besteht mindestens 1/3 der Fleischmenge aus diesen.

Schnittfeste Pastetenkonserven

Sie werden in geeignet geformten Dosen, auch mit einer Speckumhüllung, hergestellt. In der Zusammensetzung entsprechen sie weitgehend den schnittfesten Pasteten.

Streichfähige Pastetenkonserven

Sie werden entweder nur aus homogenem Pastetenbrät ohne Einlage oder aus Pastetenbrät mit Einlage von Fleisch-, Leber-, Trüffel-, Pistazien-, Nuss-, Trockenobst-, Olivenstückchen oder Ähnlichem hergestellt. Dem Pastetenbrät können auch Eier, Obers oder Gewürze zugesetzt werden.

Streichfähige Pastetenkonserven mit hervorhebender Bezeichnung

60–65 Teile Fleisch (Rind-, Kalb-, Schweine-, Wild-, Lammfleisch u. dgl.)
20–25 Teile Speck oder Fett
bis zu 15 Teile Brühe.

Schinkenpastete mit hervorhebender Bezeichnung enthält als Fleischanteil nur mageres Schweinsschlögelfleisch.

Leberaufstrich- und Leberwurstkonserven

22 Teile Leber von Schwein oder Rind
30 Teile Schweinekopffleisch mit Schwarte
25 Teile Speck
3 Teile Schwarten
20 Teile Brühe.
Auf 100 Teile Masse 1 Teil Milcheiweiß.

Fleisch und Wurstwaren in Deutschland

Da in Deutschland etwas andere Richtlinien für Fleisch- und Wurstwaren gelten als in Österreich, auf die in diesem Buch nicht eingegangen werden kann, möge man sich bei Interesse bitte im Deutschen Lebensmittelbuch kundig machen: http://www.bmelv.de/SharedDocs/Downloads/Ernaehrung/Lebensmittelbuch/LeitsaetzeFleisch.html

CODEX

(Österr. Lebensmittelbuch) Kapitel B14
Abschnitt Fleisch/Grenzwerte

Knochenloses Rindfleisch für die Verarbeitung (tiefgekühlt)

	Kollagenwert (Tol. +15 %)	Wasser : Eiweiß (Tol. +0,2)	Fettgehalt in % (Tol. +3 %)
Sorte I	10	3,6	5
Sorte II	14	3,6	8
Sorte III	20	3,6	16

Fleisch

	Kollagenwert	Wasser : Eiweiß	Fettgehalt in %
Rindfleisch geformt	12	3,6	8
Schweinefleisch geformt	10	3,6	10
Geflügelfleisch (Hühner- oder Putenfleisch) geformt	5	3,8	4

Panade bei allen panierten Formfleischprodukten höchstens 30 % des Gesamtgewichtes. Die Analysen werden nach Entfernen der Panade durchgeführt.

Faschiertes, Zubereitungen aus Faschiertem

<table>
<tr><th>Art des Faschierten</th><th>Fettgehalt in %</th><th>Kollagenwert</th><th>Stärke/Eiweiß inkl. Toleranz</th></tr>
<tr><td>mageres Faschiertes</td><td>≤ 7</td><td>≤ 12</td><td rowspan="4">0,7 roh
0,8 erhitzt</td></tr>
<tr><td>reines Rinderfaschiertes</td><td>≤ 20</td><td>≤ 15</td></tr>
<tr><td>Faschiertes mit Schweinefleischanteil („gemischtes Faschiertes“, „Faschiertes gemischt“)</td><td>≤ 30</td><td>≤ 18</td></tr>
<tr><td>Faschiertes von anderen Tierarten</td><td>≤ 25</td><td>≤ 15</td></tr>
</table>

Abschnitt Fleischwaren

Wurstsorte	Kollagenfreies Eiweiß in %	Kollagenwert	Wasser : Eiweiß	Fett : Eiweiß	(Wasser + Fett) : Eiweiß	pflanzliche Stärke berechnet als Kartoffelstärke in %
Bratwürste						
Sorte 1						
a) Frankfurter u. a. Würstel mit hervorhebender Bezeichnung	9,6	15	5,6	2,5	7,6	-
Pariser mit hervorhebender Bezeichnung	9,5	15	6,1	2,0	7,8	-
b) Pariser	8,7	18	6,5	2,2	8,3	2
Feine Extrawurst, Extrawurst in Stangen Weißwurst in Stangen	8,2	18	6,5	2,7	8,7	2
Würstel, Sacher-, Tee-, Frankfurter, Wiener Cocktailwürstel u. a. Würstel sowie Weißwürstel	8,4	20	6,3	3,0	8,5	2
Sorte 2						
Extrawurst im Kranz (rund), Knackwurst, Schübling, Salzburger, Dampfwürstel, Weißwurst, Leberkäse und Fleischkäse, gedämpft	7,5	25	6,3	2,7	8,5	3
Augsburger	7,0	25	6,7	2,7	9,0	6
Schübling	7,7	30	5,4	2,7	8,0	-
Leberkäse und Fleischkäse, gebacken	7,5	25	6,3	3,0	8,8	8
Münchner Weißwurst	7,0	30	6,7	2,4	9,0	-
Sorte 3						
a) Dürre im Kranz (rund), doppelt geräuchert	8,5	40	3,5	3,3	6,5	5,5
b) Dürre im Kranz (rund), Braunschweiger im Kranz (rund), Burenwurst, Oderberger und Klobassen	8,0	40	4,2	3,3	7,0	5

Wurstsorte	Kollagenfreies Eiweiß in %	Kollagenwert	Wasser : Eiweiß	Fett : Eiweiß	pflanzliche Stärke berechnet als Kartoffelstärke in %	Sichtbare Muskelfleischeinlage in Vol.-%	Sichtbares Fettgewebe in Vol.-%
Fleischwürste							
Sorte 1							
a) Schinkenwurst	18	10	3,6	0,6	1,5	75	5
b) Krakauer	15,5	12	3,8	0,9	1,5	60	12
Göttinger, Bierwurst, Bierkugel	13	15	3,6	2,0	-		
Schweinskrainer, Schinkenwürstel u. dgl.	15	15	3,0	2,3			

Wurstsorte	Kollagenfreies Eiweiß in %	Kollagenwert	Wasser : Eiweiß	Fett : Eiweiß	pflanzliche Stärke berechnet als Kartoffelstärke in %	Sichtbare Muskelfleischeinlage in Vol.-%	Sichtbares Fettgewebe in Vol.-%
Wiener Spezial	15	15	2,8	2,2	-		
Sorte 2							
a) Polnisch spezial, Polnische mit hervorhebender Bezeichnung und Beskiden	14	16	3,0	2,2	-		
Wiener, Mährische	12	18	3,4	2,4	-		
Krainer, Hauswürstel, Selchwürstel, Schweinswürstel u. dgl.	12	18	3,3	2,4	-		
Mortadella	12	18	3,4	2,6			
Lyoner, Aufschnittwurst	11	16	4,2	2,3		20	
Schinkenleberkäse	14	13	4,0	1,5	3 (gebraten) 2 (gedämpft)	50	

Wurstsorte	Kollagenfreies Eiweiß in %	Kollagenwert	Wasser : Eiweiß	Fett : Eiweiß	pflanzliche Stärke berechnet als Kartoffelstärke in %	Sichtbare Muskelfleischeinlage in Vol.-%
Fleisch- oder Leberkäse nach bayrischer Art	10	16	5,2	2,2	6	
Bratwürste, gebrüht oder roh, Rostbratwürste, Grillwürstel	11	17	4,3	2,3		
b) Polnische	13	20	3,0	2,4		
Tiroler	11	20	3,7	2,4		
Käsewurst	Grenzwerte der Wurstmasse nach Entfernen der Käseeinlage wie Tiroler					
Debreziner	11	18	3,8	2,6	1	
Cabanossi, Bierstangerl u. dgl.	16	20	1,2	2,4		
c) Speckwurst			3,7		4	
Sorte 3						
a) Waldviertler, Rauchwurst und Rauchdürre im Kranz (rund) oder abgepasst; Türkische Wurst, Sucuku und dgl.	11	28	3,0	2,7		

Wurstsorte	Kollagenfreies Eiweiß in %	Kollagenwert	Wasser : Eiweiß	Fett : Eiweiß	pflanzliche Stärke berechnet als Kartoffelstärke in %	Sichtbare Muskelfleischeinlage in Vol.-%
Dürre in Stangen, doppelt geräuchert	11	28	3,0	2,7	3,5	
b) Jausenwurst, Braunschweiger und Dürre, alle in Stangen	10	30	3,7	2,7	3	
Schweinskopfwurst	10	3 5	3,4	2,4	2	

Dauerwürste

Der Grenzwert für das Wasser : Eiweiß-Verhältnis beträgt 1,8.

Die Grenzwerte für den Kollagenwert und das Fett : Eiweiß-Verhältnis müssen jenen der Wurstsorte entsprechen, nach welcher sie bezeichnet sind; solche mit Fantasiebezeichnungen entsprechen jenen für Wiener.

Gebratene Würste

Würste, die in ihrer Bezeichnung den Hinweis „gebraten" tragen – ausgenommen Wiener Spezial, Polnische Spezial, Beskiden und Polnische – haben ein um 0,5 geringeres Wasser : Eiweiß-Verhältnis aufzuweisen.

Kochwürste

Wurstsorte	Kollagenwert freies Eiweiß in %	Kollagenwert	Wasser : Eiweiß	Fett : Eiweiß	Fleischeinlage, Wursteinlage in %
Pasteten					
Schnittfeste Pasteten ohne Einlage		12,0	4,0	2,5	
Schnittfeste Pasteten mit Einlage (Sichtbare Einlage mind. 20 %)		12,0	4,5	2,5	
Streichfähige Pasteten		12,0	4,5	3,0	
Schnittfeste Kochwürste					
Sulzwürste					
Sorte 1					
a) Schinkenpresskopf					50
b) Presskopf und hervorhebend bezeichnete Sulzwürste					50
Sorte 2					
a) Presswurst (Schwartenmagen)					50
Sorte 3					
Sulz, Haussulz, Geflügelsulz					30

Wurstsorte	Kollagenwert freies Eiweiß in %	Kollagenwert	Wasser : Eiweiß	Fett : Eiweiß	Fleischeinlage, Wursteinlage in %
Schnittfeste Blut-, Zungen- und Leberwürste					
Sorte 1					
Zungenwurst und hervorhebend bezeichnete schnittfeste Blut- oder Leberwurst					50
Sorte 2					
Leberpresssack und dgl.					50
Sorte 3					
Schnittblutwurst					30
Sächsische					20 Speck
Aspik- und Geleeprodukte					
Sorte 1					
Schinken, Zunge, Geflügelbrust und dgl. in Aspik oder Gelee					50
Sorte 2					
Brätwürste oder Fleischwürste in Aspik oder Gelee					50
Beefblock, Rindfleisch in Aspik oder Gelee					50
Sorte 3					
Gemüsesulz mit Fleisch oder Wurst					20
Schnittgulasch und dgl.					30
Streichfähige Kochwürste					
Sorte 1					
Kalbsleberstreichwurst, Gansleberstreichwurst, Gutsleberstreichwurst, feine Leberstreichwurst und Leberstreichwürste mit anderen hervorhebenden Bezeichnungen oder mit solchen, die auf ausländische Gebiete oder Orte hinweisen		15	4,0	2,6	
Sorte 2					
Leberstreichwurst (eine Wortverbindung mit der Bezeichnung Leberstreichwurst darf keine Hervorhebung ausdrücken)		25	4,0	3,0	
Sorte 3					
Streichwurst (ohne zusätzliche Bezeichnung; Zwiebelstreichwurst		30	4,0	3,4	
Rohwürste					
Salamiwürste					
Spitzensorte					
Ungarische Salami und alle Salamiwürste, deren Bezeichnung oder Aufmachung auf Ungarn, Jugoslawien, Kroatien, Slowenien, Rumänien oder Bulgarien hinweist, ferner Karpatensalami u. dgl.		11	1,2	2,1	

Wurstsorte	Kollagenwert freies Eiweiß in %	Kolla-genwert	Wasser : Eiweiß	Fett : Eiweiß	Fleischeinlage, Wursteinlage in %
Mailänder, Veroneser und alle Salamiwürste, deren Bezeichnung oder Aufmachung auf Italien, Frankreich oder die Schweiz hinweist		11	1,3	2,1	
Sorte 1					
a) Jagdsalami, Touringsalami, Edelweißsalami und andere Salamiwürste ohne Hinweis auf ausländische Herstellungsweisen		13	1,3	2,2	
Dekorsalami		13	1,6	2,2	
b) Haussalami, Heurigensalami und Salami ohne weitere Bezeichnung		16	1,3	2,2	
Frische Salami		16	1,8	2,2	
c) Putensalami		16	1,6	2,0	
Rohwürste ohne Belag					
Schnittfeste Rohwürste					
Sorte 1					
Rohwürste, mit einem Hinweis auf ausländ. Herstellungsweisen in Bezeichnung oder Aufmachung oder in Wortverbindung mit „Katen-“, „Schlack-“ und „Schinken-“ und solche mit hervorhebender Bezeichnung		13	1,7	2,2	
Debreziner Rohwurst und gleichsinnig bezeichnete Debreziner Pusztawürstel		13	3,0	2,3	
Sorte 2					
Plockwurst, Cervelatwurst, Jagdwurst, Kaminwurzen, Boxerl u. dgl.		18	1,7	2,4	
Knoblauchwurst, Hauswürstel roh		18	3,0	2,4	
Kantwurst		18	1,7	2,6	
Frische Rohwurst		16	2,8	2,2	
Sorte 3					
Landjäger; Almjäger im Kranz (rund) oder abgepasst		23	1,5	2,6	
Streichfähige Rohwürste					
Sorte 1					
Teewurst, ferner Mettwürste mit hervorhebender Bezeichnung		14	3,6	3,0	
Sorte 2					
Mettwurst		20	3,6	3,7	
Mettwurst grob		18	2,4 bis 3,2	3,0	
Zwiebelmettwurst		15	3,9	3,0	

Verwendete Literatur

„Die Fabrikation feiner Fleisch- und Wurstwaren“, Koch, Fuchs, Gemmer, Deutscher Fachverlag, 20., völlig neu bearbeitete Auflage

„Der Gewürz-Kompass“, Jochen G. Bielefeld, Gräfe und Unzer GmbH, München, 5. Auflage

„Das Fleischerbuch“, Bergmann, Deisl, Gneist, Riedl, Bohmann Fachbuch

Hela Service „Rezeptdienst“, Hela, Gewürzwerk Hermann Laue Gesellschaft m.b.H.
